T&P BOOKS

I0151541

ALBANEES
WOORDENSCHAT

THEMATISCHE WOORDENLIJST

NEDERLANDS
ALBANEES

De meest bruikbare woorden
Om uw woordenschat uit te breiden en
uw taalvaardigheid aan te scherpen

7000 woorden

Thematische woordenschat Nederlands-Albanees - 7000 woorden

Door Andrey Taranov

Woordenlijsten van T&P Books zijn bedoeld om u woorden van een vreemde taal te helpen leren, onthouden, en bestudering. Dit woordenboek is ingedeeld in thema's en behandelt alle belangrijk terreinen van het dagelijkse leven, bedrijven, wetenschap, cultuur, etc.

Het proces van het leren van woorden met behulp van de op thema's gebaseerde aanpak van T&P Books biedt u de volgende voordelen:

- Correct gegroepeerde informatie is bepalend voor succes bij opeenvolgende stadia van het leren van woorden
- De beschikbaarheid van woorden die van dezelfde stam zijn maakt het mogelijk om woordgroepen te onthouden (in plaats van losse woorden)
- Kleine groepen van woorden faciliteren het proces van het aanmaken van associatieve verbindingen, die nodig zijn bij het consolideren van de woordenschat
- Het niveau van talenkennis kan worden ingeschat door het aantal geleerde woorden

T&P Books Publishing
www.tpbooks.com

ISBN: 978-1-78767-017-4

Dit boek is ook beschikbaar in e-boek formaat.
Gelieve www.tpbooks.com te bezoeken of de belangrijkste online boekwinkels.

ALBANESE WOORDENSCHAT
nieuwe woorden leren

T&P Books woordenlijsten zijn bedoeld om u te helpen vreemde woorden te leren, te onthouden, en te bestuderen. De woordenschat bevat meer dan 7000 veel gebruikte woorden die thematisch geordend zijn.

- De woordenlijst bevat de meest gebruikte woorden
- Aanbevolen als aanvulling bij welke taalcursus dan ook
- Voldoet aan de behoeften van de beginnende en gevorderde student in vreemde talen
- Geschikt voor dagelijks gebruik, bestudering en zelftestactiviteiten
- Maakt het mogelijk om uw woordenschat te evalueren

Bijzondere kenmerken van de woordenschat

- De woorden zijn gerangschikt naar hun betekenis, niet volgens alfabet
- De woorden worden weergegeven in drie kolommen om bestudering en zelftesten te vergemakkelijken
- Woorden in groepen worden verdeeld in kleine blokken om het leerproces te vergemakkelijken
- De woordenschat biedt een handige en eenvoudige beschrijving van elk buitenlands woord

De woordenschat bevat 198 onderwerpen zoals:

Basisconcepten, getallen, kleuren, maanden, seizoenen, meeteenheden, kleding en accessoires, eten & voeding, restaurant, familieleden, verwanten, karakter, gevoelens, emoties, ziekten, stad, dorp, bezienswaardigheden, winkelen, geld, huis, thuis, kantoor, werken op kantoor, import & export, marketing, werk zoeken, sport, onderwijs, computer, internet, gereedschap, natuur, landen, nationaliteiten en meer …

INHOUDSOPGAVE

UITSPRAAKGIDS

T&P fonetisch alfabet	Albanees voorbeeld	Nederlands voorbeeld
[a]	flas [flas]	acht
[ə], [ɛ]	melodi [mɛlodí]	excuseren, hebben
[ə]	kërkoj [kərkój]	formule, wachten
[i]	pikë [píkə]	bidden, tint
[o]	motor [motór]	overeenkomst
[u]	fuqi [fucí]	hoed, doe
[y]	myshk [myʃk]	fuut, uur
[b]	brakë [brákə]	hebben
[c]	oqean [ocɛán]	petje
[d]	adoptoj [adoptój]	Dank u, honderd
[dz]	lexoj [lɛdzój]	zeldzaam
[dʒ]	xham [dʒam]	jeans, jungle
[ð]	dhomë [ðómə]	Stemhebbende dentaal, Engels - there
[f]	i fortë [i fórtə]	feestdag, informeren
[g]	bullgari [buɫgarí]	goal, tango
[h]	jaht [jáht]	het, herhalen
[j]	hyrje [hýrjɛ]	New York, januari
[ɟ]	zgjedh [zɟɛð]	Djengiz Khan
[k]	korik [korík]	kennen, kleur
[l]	lëviz [ləvíz]	delen, luchter
[ɫ]	shkallë [ʃkáɫə]	mallen
[m]	medalje [mɛdáljɛ]	morgen, etmaal
[n]	klan [klan]	nemen, zonder
[ɲ]	spanjoll [spaɲóɫ]	cognac, nieuw
[ŋ]	trung [truŋ]	optelling
[p]	polici [politsí]	parallel, koper
[r]	i erët [i érət]	roepen, breken
[ɾ]	groshë [grófə]	korte aangetipte tongpunt- r
[s]	spital [spitál]	spreken, kosten
[ʃ]	shes [ʃɛs]	shampoo, machine
[t]	tapet [tapét]	tomaat, taart
[ts]	batica [batítsa]	niets, plaats
[tʃ]	kaçube [katʃúbɛ]	Tsjechië, cello
[v]	javor [javór]	beloven, schrijven
[z]	horizont [horizónt]	zeven, zesde
[ʒ]	kuzhinë [kuʒínə]	journalist, rouge
[θ]	përkthej [pərkθéj]	Stemloze dentaal, Engels - thank you

AFKORTINGEN
gebruikt in de woordenschat

Nederlandse afkortingen

abn	-	als bijvoeglijk naamwoord
bijv.	-	bijvoorbeeld
bn	-	bijvoeglijk naamwoord
bw	-	bijwoord
enk.	-	enkelvoud
enz.	-	enzovoort
form.	-	formele taal
inform.	-	informele taal
mann.	-	mannelijk
mil.	-	militair
mv.	-	meervoud
on.ww.	-	onovergankelijk werkwoord
ontelb.	-	ontelbaar
ov.	-	over
ov.ww.	-	overgankelijk werkwoord
telb.	-	telbaar
vn	-	voornaamwoord
vrouw.	-	vrouwelijk
vw	-	voegwoord
vz	-	voorzetsel
wisk.	-	wiskunde
ww	-	werkwoord

Nederlandse artikelen

de	-	gemeenschappelijk geslacht
de/het	-	gemeenschappelijk geslacht, onzijdig
het	-	onzijdig

Albanese afkortingen

f	-	vrouwelijk zelfstandig naamwoord
m	-	mannelijk zelfstandig naamwoord
pl	-	meervoud

BASISBEGRIPPEN

Basisbegrippen Deel 1

1. Voornaamwoorden

ik	Unë, mua	[unə], [múa]
jij, je	ti, ty	[ti], [ty]
hij	ai	[aí]
zij, ze	ajo	[ajó]
het	ai	[aí]
wij, we	ne	[nɛ]
jullie	ju	[ju]
zij, ze (mann.)	ata	[atá]
zij, ze (vrouw.)	ato	[ató]

2. Begroetingen. Begroetingen. Afscheid

Hallo! Dag!	Përshëndetje!	[pərʃəndétjɛ!]
Hallo!	Përshëndetje!	[pərʃəndétjɛ!]
Goedemorgen!	Mirëmëngjes!	[mirəmənɟés!]
Goedemiddag!	Mirëdita!	[mirədíta!]
Goedenavond!	Mirëmbrëma!	[mirəmbréma!]
gedag zeggen (groeten)	përshëndes	[pərʃəndés]
Hoi!	Ç'kemi!	[tʃ'kémi!]
groeten (het)	përshëndetje (f)	[pərʃəndétjɛ]
verwelkomen (ww)	përshëndes	[pərʃəndés]
Hoe gaat het met u?	Si jeni?	[si jéni?]
Hoe is het?	Si je?	[si jɛ?]
Is er nog nieuws?	Çfarë ka të re?	[tʃfárə ká tə ré?]
Tot ziens! (form.)	Mirupafshim!	[mirupáfʃim!]
Doei!	U pafshim!	[u páfʃim!]
Tot snel! Tot ziens!	Shihemi së shpejti!	[ʃíhɛmi sə ʃpéjti!]
Vaarwel!	Lamtumirë!	[lamtumírə!]
afscheid nemen (ww)	përshëndetem	[pərʃəndétɛm]
Tot kijk!	Tungjatjeta!	[tunɟatjéta!]
Dank u!	Faleminderit!	[falɛmindérit!]
Dank u wel!	Faleminderit shumë!	[falɛmindérit ʃúmə!]
Graag gedaan	Të lutem	[tə lútɛm]
Geen dank!	Asgjë!	[asɟé!]
Geen moeite.	Asgjë	[asɟé]

Excuseer me, ... (inform.)	Më fal!	[mə fal!]
Excuseer me, ... (form.)	Më falni!	[mə fálni!]
excuseren (verontschuldigen)	fal	[fal]

zich verontschuldigen	kërkoj falje	[kərkój fáljɛ]
Mijn excuses.	Kërkoj ndjesë	[kərkój ndjésə]
Het spijt me!	Më vjen keq!	[mə vjɛn kɛc!]
vergeven (ww)	fal	[fal]
Maakt niet uit!	S'ka gjë!	[s'ka ɟə!]
alsjeblieft	të lutem	[tə lútɛm]

Vergeet het niet!	Mos harro!	[mos haró!]
Natuurlijk!	Sigurisht!	[siguríʃt!]
Natuurlijk niet!	Sigurisht që jo!	[siguríʃt cə jo!]
Akkoord!	Në rregull!	[nə réguɫ!]
Zo is het genoeg!	Mjafton!	[mjaftón!]

3. Kardinale getallen. Deel 1

nul	zero	[zéro]
een	një	[ɲə]
twee	dy	[dy]
drie	tre	[trɛ]
vier	katër	[kátər]

vijf	pesë	[pésə]
zes	gjashtë	[ɟáʃtə]
zeven	shtatë	[ʃtátə]
acht	tetë	[tétə]
negen	nëntë	[nəntə]

tien	dhjetë	[ðjétə]
elf	njëmbëdhjetë	[ɲəmbəðjétə]
twaalf	dymbëdhjetë	[dymbəðjétə]
dertien	trembëdhjetë	[trɛmbəðjétə]
veertien	katërmbëdhjetë	[katərmbəðjétə]

vijftien	pesëmbëdhjetë	[pɛsəmbəðjétə]
zestien	gjashtëmbëdhjetë	[ɟaʃtəmbəðjétə]
zeventien	shtatëmbëdhjetë	[ʃtatəmbəðjétə]
achttien	tetëmbëdhjetë	[tɛtəmbəðjétə]
negentien	nëntëmbëdhjetë	[nəntəmbəðjétə]

twintig	njëzet	[ɲəzét]
eenentwintig	njëzet e një	[ɲəzét ɛ ɲə]
tweeëntwintig	njëzet e dy	[ɲəzét ɛ dy]
drieëntwintig	njëzet e tre	[ɲəzét ɛ trɛ]

dertig	tridhjetë	[triðjétə]
eenendertig	tridhjetë e një	[triðjétə ɛ ɲə]
tweeëndertig	tridhjetë e dy	[triðjétə ɛ dy]
drieëndertig	tridhjetë e tre	[triðjétə ɛ trɛ]
veertig	dyzet	[dyzét]
eenenveertig	dyzet e një	[dyzét ɛ ɲə]

tweeënveertig	**dyzet e dy**	[dyzét ɛ dy]
drieënveertig	**dyzet e tre**	[dyzét ɛ trɛ]
vijftig	**pesëdhjetë**	[pɛsəðjétə]
eenenvijftig	**pesëdhjetë e një**	[pɛsəðjétə ɛ ɲə]
tweeënvijftig	**pesëdhjetë e dy**	[pɛsəðjétə ɛ dy]
drieënvijftig	**pesëdhjetë e tre**	[pɛsəðjétə ɛ trɛ]
zestig	**gjashtëdhjetë**	[ɟaʃtəðjétə]
eenenzestig	**gjashtëdhjetë e një**	[ɟaʃtəðjétə ɛ ɲə]
tweeënzestig	**gjashtëdhjetë e dy**	[ɟaʃtəðjétə ɛ dý]
drieënzestig	**gjashtëdhjetë e tre**	[ɟaʃtəðjétə ɛ tré]
zeventig	**shtatëdhjetë**	[ʃtatəðjétə]
eenenzeventig	**shtatëdhjetë e një**	[ʃtatəðjétə ɛ ɲə]
tweeënzeventig	**shtatëdhjetë e dy**	[ʃtatəðjétə ɛ dy]
drieënzeventig	**shtatëdhjetë e tre**	[ʃtatəðjétə ɛ trɛ]
tachtig	**tetëdhjetë**	[tɛtəðjétə]
eenentachtig	**tetëdhjetë e një**	[tɛtəðjétə ɛ ɲə]
tweeëntachtig	**tetëdhjetë e dy**	[tɛtəðjétə ɛ dy]
drieëntachtig	**tetëdhjetë e tre**	[tɛtəðjétə ɛ trɛ]
negentig	**nëntëdhjetë**	[nəntəðjétə]
eenennegentig	**nëntëdhjetë e një**	[nəntəðjétə ɛ ɲə]
tweeënnegentig	**nëntëdhjetë e dy**	[nəntəðjétə ɛ dy]
drieënnegentig	**nëntëdhjetë e tre**	[nəntəðjétə ɛ trɛ]

4. Kardinale getallen. Deel 2

honderd	**njëqind**	[ɲəcínd]
tweehonderd	**dyqind**	[dycínd]
driehonderd	**treqind**	[trɛcínd]
vierhonderd	**katërqind**	[katərcínd]
vijfhonderd	**pesëqind**	[pɛsəcínd]
zeshonderd	**gjashtëqind**	[ɟaʃtecínd]
zevenhonderd	**shtatëqind**	[ʃtatecínd]
achthonderd	**tetëqind**	[tɛtəcínd]
negenhonderd	**nëntëqind**	[nəntəcínd]
duizend	**një mijë**	[ɲə míjə]
tweeduizend	**dy mijë**	[dy míjə]
drieduizend	**tre mijë**	[trɛ míjə]
tienduizend	**dhjetë mijë**	[ðjétə míjə]
honderdduizend	**njëqind mijë**	[ɲəcínd míjə]
miljoen (het)	**milion** (m)	[milión]
miljard (het)	**miliardë** (f)	[miliárdə]

5. Getallen. Breuken

breukgetal (het)	**thyesë** (f)	[θýɛsə]
half	**gjysma**	[ɟýsma]

| een derde | një e treta | [ɲə ɛ tréta] |
| kwart | një e katërta | [ɲə ɛ kátərta] |

een achtste	një e teta	[ɲə ɛ téta]
een tiende	një e dhjeta	[ɲə ɛ ðjéta]
twee derde	dy të tretat	[dy tə trétat]
driekwart	tre të katërtat	[trɛ tə kátərtat]

6. Getallen. Eenvoudige berekeningen

aftrekking (de)	zbritje (f)	[zbrítjɛ]
aftrekken (ww)	zbres	[zbrɛs]
deling (de)	pjesëtim (m)	[pjɛsətím]
delen (ww)	pjesëtoj	[pjɛsətój]

optelling (de)	mbledhje (f)	[mbléðjɛ]
erbij optellen (bij elkaar voegen)	shtoj	[ʃtoj]
optellen (ww)	mbledh	[mbléð]
vermenigvuldiging (de)	shumëzim (m)	[ʃumәzím]
vermenigvuldigen (ww)	shumëzoj	[ʃumәzój]

7. Getallen. Diversen

cijfer (het)	shifër (f)	[ʃífər]
nummer (het)	numër (m)	[númər]
telwoord (het)	numerik (m)	[numɛrík]
minteken (het)	minus (m)	[minús]
plusteken (het)	plus (m)	[plus]
formule (de)	formulë (f)	[formúlə]

berekening (de)	llogaritje (f)	[ɫogarítjɛ]
tellen (ww)	numëroj	[numərój]
bijrekenen (ww)	llogaris	[ɫogarís]
vergelijken (ww)	krahasoj	[krahasój]
Hoeveel?	Sa?	[sa?]
som (de), totaal (het)	shuma (f)	[ʃúma]
uitkomst (de)	rezultat (m)	[rɛzultát]
rest (de)	mbetje (f)	[mbétjɛ]

enkele (bijv. ~ minuten)	disa	[disá]
weinig (bw)	pak	[pak]
weinig (telb.)	disa	[disá]
een beetje (ontelb.)	pak	[pak]
restant (het)	mbetje (f)	[mbétjɛ]
anderhalf	një e gjysmë (f)	[ɲə ɛ ɟýsmə]
dozijn (het)	dyzinë (f)	[dyzínə]

middendoor (bw)	përgjysmë	[pərɟýsmə]
even (bw)	gjysmë për gjysmë	[ɟýsmə pər ɟýsmə]
helft (de)	gjysmë (f)	[ɟýsmə]
keer (de)	herë (f)	[hérə]

8. De belangrijkste werkwoorden. Deel 1

aanbevelen (ww)	rekomandoj	[rɛkomandój]
aandringen (ww)	këmbëngul	[kəmbəŋúl]
aankomen (per auto, enz.)	arrij	[aríj]
aanraken (ww)	prek	[prɛk]
adviseren (ww)	këshilloj	[kəʃiɬój]

afdalen (on.ww.)	zbres	[zbrɛs]
afslaan (naar rechts ~)	kthej	[kθɛj]
antwoorden (ww)	përgjigjem	[pərɟíɟɛm]
bang zijn (ww)	kam frikë	[kam fríkə]
bedreigen (bijv. met een pistool)	kërcënoj	[kərtsənój]

bedriegen (ww)	mashtroj	[maʃtrój]
beëindigen (ww)	përfundoj	[pərfundój]
beginnen (ww)	filloj	[fiɬój]
begrijpen (ww)	kuptoj	[kuptój]
beheren (managen)	drejtoj	[drɛjtój]
beledigen (met scheldwoorden)	fyej	[fýɛj]

beloven (ww)	premtoj	[prɛmtój]
bereiden (koken)	gatuaj	[gatúaj]
bespreken (spreken over)	diskutoj	[diskutój]

bestellen (eten ~)	porosis	[porosís]
bestraffen (een stout kind ~)	ndëshkoj	[ndəʃkój]
betalen (ww)	paguaj	[pagúaj]
betekenen (beduiden)	nënkuptoj	[nənkuptój]
betreuren (ww)	pendohem	[pɛndóhɛm]
bevallen (prettig vinden)	pëlqej	[pəlcéj]
bevelen (mil.)	urdhëroj	[urðərój]
bevrijden (stad, enz.)	çliroj	[tʃlirój]
bewaren (ww)	mbaj	[mbáj]
bezitten (ww)	zotëroj	[zotərój]

bidden (praten met God)	lutem	[lútɛm]
binnengaan (een kamer ~)	hyj	[hyj]
breken (ww)	ndahem	[ndáhɛm]
controleren (ww)	kontrolloj	[kontroɬój]
creëren (ww)	krijoj	[krijój]

deelnemen (ww)	marr pjesë	[mar pjésə]
denken (ww)	mendoj	[mɛndój]
doden (ww)	vras	[vras]
doen (ww)	bëj	[bəj]
dorst hebben (ww)	kam etje	[kam étjɛ]

9. De belangrijkste werkwoorden. Deel 2

een hint geven	aludoj	[aludój]
eisen (met klem vragen)	kërkoj	[kərkój]

excuseren (vergeven)	**fal**	[fal]
existeren (bestaan)	**ekzistoj**	[ɛkzistój]
gaan (te voet)	**ec në kёmbё**	[ɛts nə kə́mbə]
gaan zitten (ww)	**ulem**	[úlɛm]
gaan zwemmen	**notoj**	[notój]
geven (ww)	**jap**	[jap]
glimlachen (ww)	**buzёqesh**	[buzəcéʃ]
goed raden (ww)	**hamendёsoj**	[hamɛndəsój]
grappen maken (ww)	**bёj shaka**	[bəj ʃaká]
graven (ww)	**gёrmoj**	[gərmój]
hebben (ww)	**kam**	[kam]
helpen (ww)	**ndihmoj**	[ndihmój]
herhalen (opnieuw zeggen)	**pёrsёris**	[pərsərís]
honger hebben (ww)	**kam uri**	[kam urí]
hopen (ww)	**shpresoj**	[ʃprɛsój]
horen (waarnemen met het oor)	**dёgjoj**	[dəɟój]
huilen (wenen)	**qaj**	[caj]
huren (huis, kamer)	**marr me qira**	[mar mɛ cirá]
informeren (informatie geven)	**informoj**	[informój]
instemmen (akkoord gaan)	**bie dakord**	[bíɛ dakórd]
jagen (ww)	**dal pёr gjah**	[dál pər ɟáh]
kennen (kennis hebben van iemand)	**njoh**	[ɲóh]
kiezen (ww)	**zgjedh**	[zɟɛð]
klagen (ww)	**ankohem**	[ankóhɛm]
kosten (ww)	**kushton**	[kuʃtón]
kunnen (ww)	**mund**	[mund]
lachen (ww)	**qesh**	[cɛʃ]
laten vallen (ww)	**lёshoj**	[ləʃój]
lezen (ww)	**lexoj**	[lɛdzój]
liefhebben (ww)	**dashuroj**	[daʃurój]
lunchen (ww)	**ha drekё**	[ha drékə]
nemen (ww)	**marr**	[mar]
nodig zijn (ww)	**nevojitet**	[nɛvojítɛt]

10. De belangrijkste werkwoorden. Deel 3

onderschatten (ww)	**nёnvlerёsoj**	[nənvlɛrəsój]
ondertekenen (ww)	**nёnshkruaj**	[nənʃkrúaj]
ontbijten (ww)	**ha mёngjes**	[ha mənɟés]
openen (ww)	**hap**	[hap]
ophouden (ww)	**ndaloj**	[ndalój]
opmerken (zien)	**vёrej**	[vəréj]
opscheppen (ww)	**mburrem**	[mbúrɛm]
opschrijven (ww)	**mbaj shёnim**	[mbáj ʃəním]

plannen (ww)	planifikoj	[planifikój]
prefereren (verkiezen)	preferoj	[prɛfɛrój]
proberen (trachten)	përpiqem	[pərpícɛm]
redden (ww)	shpëtoj	[ʃpətój]

rekenen op ...	mbështetem ...	[mbəʃtétɛm ...]
rennen (ww)	vrapoj	[vrapój]
reserveren	rezervoj	[rɛzɛrvój]
(een hotelkamer ~)		
roepen (om hulp)	thërras	[θərás]
schieten (ww)	qëlloj	[cəɫój]
schreeuwen (ww)	bërtas	[bərtás]

schrijven (ww)	shkruaj	[ʃkrúaj]
souperen (ww)	ha darkë	[ha dárkə]
spelen (kinderen)	luaj	[lúaj]
spreken (ww)	flas	[flas]
stelen (ww)	vjedh	[vjɛð]
stoppen (pauzeren)	ndaloj	[ndalój]

studeren (Nederlands ~)	studioj	[studiój]
sturen (zenden)	dërgoj	[dərgój]
tellen (optellen)	numëroj	[numərój]
toebehoren aan ...	përkas ...	[pərkás ...]
toestaan (ww)	lejoj	[lɛjój]
tonen (ww)	tregoj	[trɛgój]

twijfelen (onzeker zijn)	dyshoj	[dyʃój]
uitgaan (ww)	dal	[dal]
uitnodigen (ww)	ftoj	[ftoj]
uitspreken (ww)	shqiptoj	[ʃciptój]
uitvaren tegen (ww)	qortoj	[cortój]

11. De belangrijkste werkwoorden. Deel 4

vallen (ww)	bie	[bíɛ]
vangen (ww)	kap	[kap]
veranderen (anders maken)	ndryshoj	[ndryʃój]
verbaasd zijn (ww)	çuditem	[tʃudítɛm]
verbergen (ww)	fsheh	[fʃéh]

verdedigen (je land ~)	mbroj	[mbrój]
verenigen (ww)	bashkoj	[baʃkój]
vergelijken (ww)	krahasoj	[krahasój]
vergeten (ww)	harroj	[harój]
vergeven (ww)	fal	[fal]

verklaren (uitleggen)	shpjegoj	[ʃpjɛgój]
verkopen (per stuk ~)	shes	[ʃɛs]
vermelden (praten over)	përmend	[pərménd]
versieren (decoreren)	zbukuroj	[zbukurój]
vertalen (ww)	përkthej	[pərkθéj]
vertrouwen (ww)	besoj	[bɛsój]
vervolgen (ww)	vazhdoj	[vaʒdój]

verwarren (met elkaar ~)	ngatërroj	[ŋatərój]
verzoeken (ww)	pyes	[pýɛs]
verzuimen (school, enz.)	humbas	[humbás]

vinden (ww)	gjej	[ɟéj]
vliegen (ww)	fluturoj	[fluturój]
volgen (ww)	ndjek ...	[ndjék ...]
voorstellen (ww)	propozoj	[propozój]
voorzien (verwachten)	parashikoj	[paraʃikój]
vragen (ww)	pyes	[pýɛs]

waarnemen (ww)	vëzhgoj	[vəʒgój]
waarschuwen (ww)	paralajmëroj	[paralajmərój]
wachten (ww)	pres	[prɛs]
weerspreken (ww)	kundërshtoj	[kundərʃtój]
weigeren (ww)	refuzoj	[rɛfuzój]

werken (ww)	punoj	[punój]
weten (ww)	di	[di]
willen (verlangen)	dëshiroj	[dəʃirój]
zeggen (ww)	them	[θɛm]
zich haasten (ww)	nxitoj	[ndzitój]

zich interesseren voor ...	interesohem ...	[intɛrɛsóhɛm ...]
zich vergissen (ww)	gaboj	[gabój]
zich verontschuldigen	kërkoj falje	[kərkój fáljɛ]
zien (ww)	shikoj	[ʃikój]

zijn (ww)	jam	[jam]
zoeken (ww)	kërkoj ...	[kərkój ...]
zwemmen (ww)	notoj	[notój]
zwijgen (ww)	hesht	[hɛʃt]

12. Kleuren

kleur (de)	ngjyrë (f)	[ɲɟýrə]
tint (de)	nuancë (f)	[nuántsə]
kleurnuance (de)	tonalitet (m)	[tonalitét]
regenboog (de)	ylber (m)	[ylbér]

wit (bn)	e bardhë	[ɛ bárðə]
zwart (bn)	e zezë	[ɛ zézə]
grijs (bn)	gri	[gri]

groen (bn)	jeshile	[jɛʃílɛ]
geel (bn)	e verdhë	[ɛ vérðə]
rood (bn)	e kuqe	[ɛ kúcɛ]

blauw (bn)	blu	[blu]
lichtblauw (bn)	bojëqielli	[bojəciéɫi]
roze (bn)	rozë	[rózə]
oranje (bn)	portokalli	[portokáɫi]
violet (bn)	bojëvjollcë	[bojəvjóɫtsə]
bruin (bn)	kafe	[káfɛ]

| goud (bn) | e artë | [ɛ ártə] |
| zilverkleurig (bn) | e argjendtë | [ɛ arɟéndtə] |

beige (bn)	bezhë	[béʒə]
roomkleurig (bn)	krem	[krɛm]
turkoois (bn)	e bruztë	[ɛ brúztə]
kersrood (bn)	qershi	[cɛrʃí]
lila (bn)	jargavan	[jargaván]
karmijnrood (bn)	e kuqe e thellë	[ɛ kúcɛ ɛ θéɫə]

licht (bn)	e hapur	[ɛ hápur]
donker (bn)	e errët	[ɛ érət]
fel (bn)	e ndritshme	[ɛ ndrítʃmɛ]

kleur-, kleurig (bn)	e ngjyrosur	[ɛ nɟyrósur]
kleuren- (abn)	ngjyrë	[nɟýrə]
zwart-wit (bn)	bardhë e zi	[bárðə ɛ zi]
eenkleurig (bn)	njëngjyrëshe	[ɲənɟýrəʃɛ]
veelkleurig (bn)	shumëngjyrëshe	[ʃumənɟýrəʃɛ]

13. Vragen

Wie?	Kush?	[kuʃ?]
Wat?	Çka?	[tʃká?]
Waar?	Ku?	[ku?]
Waarheen?	Për ku?	[pər ku?]
Waarvandaan?	Nga ku?	[ŋa ku?]
Wanneer?	Kur?	[kur?]
Waarom?	Pse?	[psɛ?]
Waarom?	Pse?	[psɛ?]

Waarvoor dan ook?	Për çfarë arsye?	[pər tʃfárə arsýɛ?]
Hoe?	Si?	[si?]
Wat voor ...?	Çfarë?	[tʃfárə?]
Welk?	Cili?	[tsíli?]

Aan wie?	Kujt?	[kújt?]
Over wie?	Për kë?	[pər kə?]
Waarover?	Për çfarë?	[pər tʃfárə?]
Met wie?	Me kë?	[mɛ kə?]

| Hoeveel? | Sa? | [sa?] |
| Van wie? | Të kujt? | [tə kujt?] |

14. Functiewoorden. Bijwoorden. Deel 1

Waar?	Ku?	[ku?]
hier (bw)	këtu	[kətú]
daar (bw)	atje	[atjé]

| ergens (bw) | diku | [dikú] |
| nergens (bw) | askund | [askúnd] |

bij … (in de buurt)	afër	[áfər]
bij het raam	tek dritarja	[tɛk dritárja]

Waarheen?	Për ku?	[pər ku?]
hierheen (bw)	këtu	[kətú]
daarheen (bw)	atje	[atjé]
hiervandaan (bw)	nga këtu	[ŋa kətú]
daarvandaan (bw)	nga atje	[ŋa atjɛ]

dichtbij (bw)	pranë	[pránə]
ver (bw)	larg	[larg]

in de buurt (van …)	afër	[áfər]
dichtbij (bw)	pranë	[pránə]
niet ver (bw)	jo larg	[jo lárg]

linker (bn)	majtë	[májtə]
links (bw)	majtas	[májtas]
linksaf, naar links (bw)	në të majtë	[nə tə májtə]

rechter (bn)	djathtë	[djáθtə]
rechts (bw)	djathtas	[djáθtas]
rechtsaf, naar rechts (bw)	në të djathtë	[nə tə djáθtə]

vooraan (bw)	përballë	[pərbáłə]
voorste (bn)	i përparmë	[i pərpármə]
vooruit (bw)	përpara	[pərpára]

achter (bw)	prapa	[prápa]
van achteren (bw)	nga prapa	[ŋa prápa]
achteruit (naar achteren)	pas	[pas]

midden (het)	mes (m)	[mɛs]
in het midden (bw)	në mes	[nə mɛs]

opzij (bw)	në anë	[nə anə]
overal (bw)	kudo	[kúdo]
omheen (bw)	përreth	[pəréθ]

binnenuit (bw)	nga brenda	[ŋa brénda]
naar ergens (bw)	diku	[dikú]
rechtdoor (bw)	drejt	[dréjt]
terug (bijv. ~ komen)	pas	[pas]

ergens vandaan (bw)	nga kudo	[ŋa kúdo]
ergens vandaan (en dit geld moet ~ komen)	nga diku	[ŋa dikú]

ten eerste (bw)	së pari	[sə pári]
ten tweede (bw)	së dyti	[sə dýti]
ten derde (bw)	së treti	[sə tréti]

plotseling (bw)	befas	[béfas]
in het begin (bw)	në fillim	[nə fiłím]
voor de eerste keer (bw)	për herë të parë	[pər hérə tə párə]
lang voor … (bw)	shumë përpara …	[ʃúmə pərpára …]

| opnieuw (bw) | sërish | [səríʃ] |
| voor eeuwig (bw) | një herë e mirë | [ɲə hérə ɛ mírə] |

nooit (bw)	kurrë	[kúrə]
weer (bw)	përsëri	[pərsərí]
nu (bw)	tani	[táni]
vaak (bw)	shpesh	[ʃpɛʃ]
toen (bw)	atëherë	[atəhérə]
urgent (bw)	urgjent	[urɟént]
meestal (bw)	zakonisht	[zakoníʃt]

trouwens, ... (tussen haakjes)	meqë ra fjala, ...	[mécə ra fjála, ...]
mogelijk (bw)	ndoshta	[ndóʃta]
waarschijnlijk (bw)	mundësisht	[mundəsíʃt]
misschien (bw)	mbase	[mbásɛ]
trouwens (bw)	përveç	[pərvétʃ]
daarom ...	ja përse ...	[ja pərsé ...]
in weerwil van ...	pavarësisht se ...	[pavarəsíʃt sɛ ...]
dankzij ...	falë ...	[fálə ...]

wat (vn)	çfarë	[tʃfárə]
dat (vw)	që	[cə]
iets (vn)	diçka	[ditʃká]
iets	ndonji gjë	[ndoɲí ɟə]
niets (vn)	asgjë	[asɟé]

wie (~ is daar?)	kush	[kuʃ]
iemand (een onbekende)	dikush	[dikúʃ]
iemand (een bepaald persoon)	dikush	[dikúʃ]

niemand (vn)	askush	[askúʃ]
nergens (bw)	askund	[askúnd]
niemands (bn)	i askujt	[i askújt]
iemands (bn)	i dikujt	[i dikújt]

zo (Ik ben ~ blij)	aq	[ác]
ook (evenals)	gjithashtu	[ɟiθaʃtú]
alsook (eveneens)	gjithashtu	[ɟiθaʃtú]

15. Functiewoorden. Bijwoorden. Deel 2

Waarom?	Pse?	[psɛ?]
om een bepaalde reden	për një arsye	[pər ɲə arsýɛ]
omdat ...	sepse ...	[sɛpsé ...]
voor een bepaald doel	për ndonjë shkak	[pər ndóɲə ʃkak]

en (vw)	dhe	[ðɛ]
of (vw)	ose	[ósɛ]
maar (vw)	por	[por]
voor (vz)	për	[pər]
te (~ veel mensen)	tepër	[tépər]
alleen (bw)	vetëm	[vétəm]

| precies (bw) | pikërisht | [pikəríʃt] |
| ongeveer (~ 10 kg) | rreth | [rɛθ] |

omstreeks (bw)	përafërsisht	[pərafərsíʃt]
bij benadering (bn)	përafërt	[pəráfərt]
bijna (bw)	pothuajse	[poθúajsɛ]
rest (de)	mbetje (f)	[mbétjɛ]

de andere (tweede)	tjetri	[tjétri]
ander (bn)	tjetër	[tjétər]
elk (bn)	çdo	[tʃdo]
om het even welk	çfarëdo	[tʃfarədó]
veel (telb.)	disa	[disá]
veel (ontelb.)	shumë	[ʃúmə]
veel mensen	shumë njerëz	[ʃúmə ɲérəz]
iedereen (alle personen)	të gjithë	[tə ɟíθə]

in ruil voor ...	në vend të ...	[nə vénd tə ...]
in ruil (bw)	në shkëmbim të ...	[nə ʃkəmbím tə ...]
met de hand (bw)	me dorë	[mɛ dórə]
onwaarschijnlijk (bw)	vështirë se ...	[vəʃtírə sɛ ...]

waarschijnlijk (bw)	mundësisht	[mundəsíʃt]
met opzet (bw)	me qëllim	[mɛ cəłím]
toevallig (bw)	aksidentalisht	[aksidɛntalíʃt]

zeer (bw)	shumë	[ʃúmə]
bijvoorbeeld (bw)	për shembull	[pər ʃémbuł]
tussen (~ twee steden)	midis	[midís]
tussen (te midden van)	rreth	[rɛθ]
zoveel (bw)	kaq shumë	[kác ʃúmə]
vooral (bw)	veçanërisht	[vɛtʃanəríʃt]

Basisbegrippen Deel 2

16. Dagen van de week

maandag (de)	E hënë (f)	[ɛ hánǝ]
dinsdag (de)	E martë (f)	[ɛ mártǝ]
woensdag (de)	E mërkurë (f)	[ɛ mǝrkúrǝ]
donderdag (de)	E enjte (f)	[ɛ éɲtɛ]
vrijdag (de)	E premte (f)	[ɛ prémtɛ]
zaterdag (de)	E shtunë (f)	[ɛ ʃtúnǝ]
zondag (de)	E dielë (f)	[ɛ díɛlǝ]
vandaag (bw)	sot	[sot]
morgen (bw)	nesër	[nésǝr]
overmorgen (bw)	pasnesër	[pasnésǝr]
gisteren (bw)	dje	[djé]
eergisteren (bw)	pardje	[pardjé]
dag (de)	ditë (f)	[dítǝ]
werkdag (de)	ditë pune (f)	[dítǝ púnɛ]
feestdag (de)	festë kombëtare (f)	[féstǝ kombǝtárɛ]
verlofdag (de)	ditë pushim (m)	[dítǝ puʃím]
weekend (het)	fundjavë (f)	[fundjávǝ]
de hele dag (bw)	gjithë ditën	[ɟíθǝ dítǝn]
de volgende dag (bw)	ditën pasardhëse	[dítǝn pasárðǝsɛ]
twee dagen geleden	dy ditë më parë	[dy dítǝ mǝ párǝ]
aan de vooravond (bw)	një ditë më parë	[ɲǝ dítǝ mǝ párǝ]
dag-, dagelijks (bn)	ditor	[ditór]
elke dag (bw)	çdo ditë	[tʃdo dítǝ]
week (de)	javë (f)	[jávǝ]
vorige week (bw)	javën e kaluar	[jávǝn ɛ kalúar]
volgende week (bw)	javën e ardhshme	[jávǝn ɛ árðʃmɛ]
wekelijks (bn)	javor	[javór]
elke week (bw)	çdo javë	[tʃdo jávǝ]
twee keer per week	dy herë në javë	[dy hérǝ nǝ jávǝ]
elke dinsdag	çdo të martë	[tʃdo tǝ mártǝ]

17. Uren. Dag en nacht

morgen (de)	mëngjes (m)	[mǝnɟés]
's morgens (bw)	në mëngjes	[nǝ mǝnɟés]
middag (de)	mesditë (f)	[mɛsdítǝ]
's middags (bw)	pasdite	[pasdítɛ]
avond (de)	mbrëmje (f)	[mbrémjɛ]
's avonds (bw)	në mbrëmje	[nǝ mbrémjɛ]

nacht (de)	natë (f)	[nátə]
's nachts (bw)	natën	[nátən]
middernacht (de)	mesnatë (f)	[mɛsnátə]

seconde (de)	sekondë (f)	[sɛkóndə]
minuut (de)	minutë (f)	[minútə]
uur (het)	orë (f)	[órə]
halfuur (het)	gjysmë ore (f)	[ɟýsmə órɛ]
kwartier (het)	çerek ore (m)	[tʃɛrék órɛ]
vijftien minuten	pesëmbëdhjetë minuta	[pɛsəmbəðjétə minúta]
etmaal (het)	24 orë	[ɲəzét ɛ kátər órə]

zonsopgang (de)	agim (m)	[agím]
dageraad (de)	agim (m)	[agím]
vroege morgen (de)	mëngjes herët (m)	[mənɟés hérət]
zonsondergang (de)	perëndim dielli (m)	[pɛrəndím diéɬi]

's morgens vroeg (bw)	herët në mëngjes	[hérət nə mənɟés]
vanmorgen (bw)	sot në mëngjes	[sot nə mənɟés]
morgenochtend (bw)	nesër në mëngjes	[nésər nə mənɟés]
vanmiddag (bw)	sot pasdite	[sot pasdítɛ]
's middags (bw)	pasdite	[pasdítɛ]
morgenmiddag (bw)	nesër pasdite	[nésər pasdítɛ]
vanavond (bw)	sonte në mbrëmje	[sóntɛ nə mbrəmjɛ]
morgenavond (bw)	nesër në mbrëmje	[nésər nə mbrémjɛ]

klokslag drie uur	në orën 3 fiks	[nə órən trɛ fiks]
ongeveer vier uur	rreth orës 4	[rɛθ órəs kátər]
tegen twaalf uur	deri në orën 12	[déri nə órən dymbəðjétə]

over twintig minuten	për 20 minuta	[pər ɲəzét minúta]
over een uur	për një orë	[pər ɲə órə]
op tijd (bw)	në orar	[nə orár]

kwart voor ...	çerek ...	[tʃɛrék ...]
binnen een uur	brenda një ore	[brénda ɲə órɛ]
elk kwartier	çdo 15 minuta	[tʃdo pɛsəmbəðjétə minúta]
de klok rond	gjithë ditën	[ɟíθə dítən]

18. Maanden. Seizoenen

januari (de)	Janar (m)	[janár]
februari (de)	Shkurt (m)	[ʃkurt]
maart (de)	Mars (m)	[mars]
april (de)	Prill (m)	[priɬ]
mei (de)	Maj (m)	[maj]
juni (de)	Qershor (m)	[cɛrʃór]

juli (de)	Korrik (m)	[korík]
augustus (de)	Gusht (m)	[guʃt]
september (de)	Shtator (m)	[ʃtatór]
oktober (de)	Tetor (m)	[tɛtór]
november (de)	Nëntor (m)	[nəntór]
december (de)	Dhjetor (m)	[ðjɛtór]

lente (de)	pranverë (f)	[pranvérə]
in de lente (bw)	në pranverë	[nə pranvérə]
lente- (abn)	pranveror	[pranvɛrór]
zomer (de)	verë (f)	[vérə]
in de zomer (bw)	në verë	[nə vérə]
zomer-, zomers (bn)	veror	[vɛrór]
herfst (de)	vjeshtë (f)	[vjéʃtə]
in de herfst (bw)	në vjeshtë	[nə vjéʃtə]
herfst- (abn)	vjeshtor	[vjéʃtor]
winter (de)	dimër (m)	[dímər]
in de winter (bw)	në dimër	[nə dímər]
winter- (abn)	dimëror	[dimərór]
maand (de)	muaj (m)	[múaj]
deze maand (bw)	këtë muaj	[kətə múaj]
volgende maand (bw)	muajin tjetër	[múajin tjétər]
vorige maand (bw)	muajin e kaluar	[múajin ɛ kalúar]
een maand geleden (bw)	para një muaji	[pára ɲə múaji]
over een maand (bw)	pas një muaji	[pas ɲə múaji]
over twee maanden (bw)	pas dy muajsh	[pas dy múajʃ]
de hele maand (bw)	gjithë muajin	[ɟíθə múajin]
een volle maand (bw)	gjatë gjithë muajit	[ɟátə ɟíθə múajit]
maand-, maandelijks (bn)	mujor	[mujór]
maandelijks (bw)	mujor	[mujór]
elke maand (bw)	çdo muaj	[tʃdo múaj]
twee keer per maand	dy herë në muaj	[dy hérə nə múaj]
jaar (het)	vit (m)	[vit]
dit jaar (bw)	këtë vit	[kətə vít]
volgend jaar (bw)	vitin tjetër	[vítin tjétər]
vorig jaar (bw)	vitin e kaluar	[vítin ɛ kalúar]
een jaar geleden (bw)	para një viti	[pára ɲə víti]
over een jaar	për një vit	[pər ɲə vit]
over twee jaar	për dy vite	[pər dy vítɛ]
het hele jaar	gjithë vitin	[ɟíθə vítin]
een vol jaar	gjatë gjithë vitit	[ɟátə ɟíθə vítit]
elk jaar	çdo vit	[tʃdo vít]
jaar-, jaarlijks (bn)	vjetor	[vjɛtór]
jaarlijks (bw)	çdo vit	[tʃdo vít]
4 keer per jaar	4 herë në vit	[kátər hérə nə vit]
datum (de)	datë (f)	[dátə]
datum (de)	data (f)	[dáta]
kalender (de)	kalendar (m)	[kalɛndár]
een half jaar	gjysmë viti	[ɟýsmə víti]
zes maanden	gjashtë muaj	[ɟáʃtə múaj]
seizoen (bijv. lente, zomer)	stinë (f)	[stínə]
eeuw (de)	shekull (m)	[ʃékuɫ]

19. Tijd. Diversen

tijd (de)	kohë (f)	[kóhə]
ogenblik (het)	çast, moment (m)	[tʃást], [momént]
moment (het)	çast (m)	[tʃást]
ogenblikkelijk (bn)	i çastit	[i tʃástit]
tijdsbestek (het)	interval (m)	[intɛrvál]
leven (het)	jetë (f)	[jétə]
eeuwigheid (de)	përjetësi (f)	[pərjɛtəsí]

epoche (de), tijdperk (het)	epokë (f)	[ɛpókə]
era (de), tijdperk (het)	erë (f)	[érə]
cyclus (de)	cikël (m)	[tsíkəl]
periode (de)	periudhë (f)	[pɛriúðə]
termijn (vastgestelde periode)	afat (m)	[afát]

toekomst (de)	ardhmëria (f)	[arðməría]
toekomstig (bn)	e ardhme	[ɛ árðmɛ]
de volgende keer	herën tjetër	[hérən tjétər]
verleden (het)	e shkuara (f)	[ɛ ʃkúara]
vorig (bn)	kaluar	[kalúar]
de vorige keer	herën e fundit	[hérən ɛ fúndit]

later (bw)	më vonë	[mə vónə]
na (~ het diner)	pas	[pas]
tegenwoordig (bw)	në këto kohë	[nə kəto kóhə]
nu (bw)	tani	[táni]
onmiddellijk (bw)	menjëherë	[mɛɲəhérə]
snel (bw)	së shpejti	[sə ʃpéjti]
bij voorbaat (bw)	paraprakisht	[paraprakíʃt]

lang geleden (bw)	para shumë kohësh	[pára ʃúmə kóhəʃ]
kort geleden (bw)	së fundmi	[sə fúndmi]
noodlot (het)	fat (m)	[fat]
herinneringen (mv.)	kujtime (pl)	[kujtímɛ]
archief (het)	arkiva (f)	[arkíva]

tijdens … (ten tijde van)	gjatë …	[ɟátə …]
lang (bw)	gjatë, kohë e gjatë	[ɟátə], [kóhə ɛ ɟátə]
niet lang (bw)	jo gjatë	[jo ɟátə]
vroeg (bijv. ~ in de ochtend)	herët	[hérət]
laat (bw)	vonë	[vónə]

voor altijd (bw)	përjetë	[pərjétə]
beginnen (ww)	filloj	[fiɫój]
uitstellen (ww)	shtyj	[ʃtyj]

tegelijkertijd (bw)	njëkohësisht	[ɲəkohəsíʃt]
voortdurend (bw)	përhershëm	[pərhérʃəm]
voortdurend	vazhdueshme	[vaʒdúeʃmɛ]
tijdelijk (bn)	i përkohshëm	[i pərkóhʃəm]
soms (bw)	ndonjëherë	[ndoɲəhérə]
zelden (bw)	rrallë	[ráɫə]
vaak (bw)	shpesh	[ʃpɛʃ]

20. Tegenovergestelden

rijk (bn)	i pasur	[i pásur]
arm (bn)	i varfër	[i várfər]
ziek (bn)	i sëmurë	[i səmúrə]
gezond (bn)	mirë	[mírə]
groot (bn)	i madh	[i máð]
klein (bn)	i vogël	[i vógəl]
snel (bw)	shpejt	[ʃpɛjt]
langzaam (bw)	ngadalë	[ŋadálə]
snel (bn)	i shpejtë	[i ʃpéjtə]
langzaam (bn)	i ngadaltë	[i ŋadáltə]
vrolijk (bn)	i kënaqur	[i kənácur]
treurig (bn)	i mërzitur	[i mərzítur]
samen (bw)	së bashku	[sə báʃku]
apart (bw)	veç e veç	[vɛtʃ ɛ vɛtʃ]
hardop (~ lezen)	me zë	[mɛ zə]
stil (~ lezen)	pa zë	[pa zə]
hoog (bn)	i lartë	[i lártə]
laag (bn)	i ulët	[i úlət]
diep (bn)	i thellë	[i θélə]
ondiep (bn)	i cekët	[i tsékət]
ja	po	[po]
nee	jo	[jo]
ver (bn)	i largët	[i lárgət]
dicht (bn)	afër	[áfər]
ver (bw)	larg	[larg]
dichtbij (bw)	pranë	[pránə]
lang (bn)	i gjatë	[i ɟátə]
kort (bn)	i shkurtër	[i ʃkúrtər]
vriendelijk (goedhartig)	i mirë	[i mírə]
kwaad (bn)	djallëzor	[djaɫəzór]
gehuwd (mann.)	i martuar	[i martúar]
ongehuwd (mann.)	beqar	[bɛcár]
verbieden (ww)	ndaloj	[ndalój]
toestaan (ww)	lejoj	[lɛjój]
einde (het)	fund (m)	[fund]
begin (het)	fillim (m)	[fiɫím]

| linker (bn) | majtë | [májtə] |
| rechter (bn) | djathtë | [djáθtə] |

| eerste (bn) | i pari | [i pári] |
| laatste (bn) | i fundit | [i fúndit] |

| misdaad (de) | krim (m) | [krim] |
| bestraffing (de) | ndëshkim (m) | [ndəʃkím] |

| bevelen (ww) | urdhëroj | [urðərój] |
| gehoorzamen (ww) | bindem | [bíndɛm] |

| recht (bn) | i drejtë | [i dréjtə] |
| krom (bn) | i harkuar | [i harkúar] |

| paradijs (het) | parajsë (f) | [parájsə] |
| hel (de) | ferr (m) | [fɛr] |

| geboren worden (ww) | lind | [lind] |
| sterven (ww) | vdes | [vdɛs] |

| sterk (bn) | i fortë | [i fórtə] |
| zwak (bn) | i dobët | [i dóbət] |

| oud (bn) | plak | [plak] |
| jong (bn) | i ri | [i rí] |

| oud (bn) | i vjetër | [i vjétər] |
| nieuw (bn) | i ri | [i rí] |

| hard (bn) | i fortë | [i fórtə] |
| zacht (bn) | i butë | [i bútə] |

| warm (bn) | ngrohtë | [ŋróhtə] |
| koud (bn) | i ftohtë | [i ftóhtə] |

| dik (bn) | i shëndoshë | [i ʃəndóʃə] |
| dun (bn) | i dobët | [i dóbət] |

| smal (bn) | i ngushtë | [i ŋúʃtə] |
| breed (bn) | i gjerë | [i ɟérə] |

| goed (bn) | i mirë | [i mírə] |
| slecht (bn) | i keq | [i kéc] |

| moedig (bn) | guximtar | [gudzimtár] |
| laf (bn) | frikacak | [frikatsák] |

21. Lijnen en vormen

vierkant (het)	katror (m)	[katrór]
vierkant (bn)	katrore	[katrórɛ]
cirkel (de)	rreth (m)	[rɛθ]
rond (bn)	i rrumbullakët	[i rumbuɫákət]

| driehoek (de) | trekëndësh (m) | [trékəndəʃ] |
| driehoekig (bn) | trekëndor | [trɛkəndór] |

ovaal (het)	oval (f)	[ovál]
ovaal (bn)	ovale	[ováIɛ]
rechthoek (de)	drejtkëndësh (m)	[drɛjtkéndəʃ]
rechthoekig (bn)	drejtkëndor	[drɛjtkəndór]

piramide (de)	piramidë (f)	[piramídə]
ruit (de)	romb (m)	[romb]
trapezium (het)	trapezoid (m)	[trapɛzoíd]
kubus (de)	kub (m)	[kub]
prisma (het)	prizëm (m)	[prízəm]

omtrek (de)	perimetër (m)	[pɛrimétər]
bol, sfeer (de)	sferë (f)	[sférə]
bal (de)	top (m)	[top]

diameter (de)	diametër (m)	[diamétər]
straal (de)	sipërfaqe (f)	[sipərfácɛ]
omtrek (~ van een cirkel)	perimetër (m)	[pɛrimétər]
middelpunt (het)	qendër (f)	[céndər]

horizontaal (bn)	horizontal	[horizontál]
verticaal (bn)	vertikal	[vɛrtikál]
parallel (de)	paralele (f)	[paralélɛ]
parallel (bn)	paralel	[paralél]

lijn (de)	vijë (f)	[víjə]
streep (de)	vizë (f)	[vízə]
rechte lijn (de)	vijë e drejtë (f)	[víjə ɛ dréjtə]
kromme (de)	kurbë (f)	[kúrbə]
dun (bn)	e hollë	[ɛ hółə]
omlijning (de)	kontur (f)	[kontúr]

snijpunt (het)	kryqëzim (m)	[krycəzím]
rechte hoek (de)	kënd i drejtë (m)	[kənd i dréjtə]
segment (het)	segment (m)	[sɛgmént]
sector (de)	sektor (m)	[sɛktór]
zijde (de)	anë (f)	[ánə]
hoek (de)	kënd (m)	[kənd]

22. Meeteenheden

gewicht (het)	peshë (f)	[péʃə]
lengte (de)	gjatësi (f)	[ɟatəsí]
breedte (de)	gjerësi (f)	[ɟɛrəsí]
hoogte (de)	lartësi (f)	[lartəsí]
diepte (de)	thellësi (f)	[θɛłəsí]
volume (het)	vëllim (m)	[vəłím]
oppervlakte (de)	sipërfaqe (f)	[sipərfácɛ]

| gram (het) | gram (m) | [gram] |
| milligram (het) | miligram (m) | [miligrám] |

kilogram (het)	kilogram (m)	[kilográm]
ton (duizend kilo)	ton (m)	[ton]
pond (het)	paund (m)	[páund]
ons (het)	ons (m)	[ons]

meter (de)	metër (m)	[métər]
millimeter (de)	milimetër (m)	[milimétər]
centimeter (de)	centimetër (m)	[tsɛntimétər]
kilometer (de)	kilometër (m)	[kilométər]
mijl (de)	milje (f)	[míljɛ]

duim (de)	inç (m)	[intʃ]
voet (de)	këmbë (f)	[kə́mbə]
yard (de)	jard (m)	[járd]

| vierkante meter (de) | metër katror (m) | [métər katrór] |
| hectare (de) | hektar (m) | [hɛktár] |

liter (de)	litër (m)	[lítər]
graad (de)	gradë (f)	[grádə]
volt (de)	volt (m)	[volt]
ampère (de)	amper (m)	[ampér]
paardenkracht (de)	kuaj-fuqi (f)	[kúaj-fucí]

hoeveelheid (de)	sasi (f)	[sasí]
een beetje ...	pak ...	[pak ...]
helft (de)	gjysmë (f)	[ɟýsmə]
dozijn (het)	dyzinë (f)	[dyzínə]
stuk (het)	copë (f)	[tsópə]

| afmeting (de) | madhësi (f) | [maðəsí] |
| schaal (bijv. ~ van 1 op 50) | shkallë (f) | [ʃkáɫə] |

minimaal (bn)	minimale	[minimálɛ]
minste (bn)	më i vogli	[mə i vógli]
medium (bn)	i mesëm	[i mésəm]
maximaal (bn)	maksimale	[maksimálɛ]
grootste (bn)	më i madhi	[mə i máði]

23. Containers

glazen pot (de)	kavanoz (m)	[kavanóz]
blik (conserven~)	kanoçe (f)	[kanótʃɛ]
emmer (de)	kovë (f)	[kóvə]
ton (bijv. regenton)	fuçi (f)	[futʃí]

ronde waterbak (de)	legen (m)	[lɛgén]
tank (bijv. watertank-70-ltr)	tank (m)	[tank]
heupfles (de)	faqore (f)	[facórɛ]
jerrycan (de)	bidon (m)	[bidón]
tank (bijv. ketelwagen)	cisternë (f)	[tsistérnə]

| beker (de) | tas (m) | [tas] |
| kopje (het) | filxhan (m) | [fildʒán] |

schoteltje (het)	pjatë filxhani (f)	[pjátə fildʒáni]
glas (het)	gotë (f)	[gótə]
wijnglas (het)	gotë vere (f)	[gótə vérɛ]
pan (de)	tenxhere (f)	[tɛndʒérɛ]

fles (de)	shishe (f)	[ʃíʃɛ]
flessenhals (de)	grykë	[grýkə]

karaf (de)	brokë (f)	[brókə]
kruik (de)	shtambë (f)	[ʃtámbə]
vat (het)	enë (f)	[énə]
pot (de)	enë (f)	[énə]
vaas (de)	vazo (f)	[vázo]

flacon (de)	shishe (f)	[ʃíʃɛ]
flesje (het)	shishkë (f)	[ʃíʃkə]
tube (bijv. ~ tandpasta)	tubet (f)	[tubét]

zak (bijv. ~ aardappelen)	thes (m)	[θɛs]
tasje (het)	qese (f)	[césɛ]
pakje (~ sigaretten, enz.)	paketë (f)	[pakétə]

doos (de)	kuti (f)	[kutí]
kist (de)	arkë (f)	[árkə]
mand (de)	shportë (f)	[ʃpórtə]

24. Materialen

materiaal (het)	material (m)	[matɛriál]
hout (het)	dru (m)	[dru]
houten (bn)	prej druri	[prɛj drúri]

glas (het)	qelq (m)	[cɛlc]
glazen (bn)	prej qelqi	[prɛj célci]

steen (de)	gur (m)	[gur]
stenen (bn)	guror	[gurór]

plastic (het)	plastikë (f)	[plastíkə]
plastic (bn)	plastike	[plastíkɛ]

rubber (het)	gomë (f)	[gómə]
rubber-, rubberen (bn)	prej gome	[prɛj gómɛ]

stof (de)	pëlhurë (f)	[pəlhúrə]
van stof (bn)	nga pëlhura	[ŋa pəlhúra]

papier (het)	letër (f)	[létər]
papieren (bn)	prej letre	[prɛj létrɛ]

karton (het)	karton (m)	[kartón]
kartonnen (bn)	prej kartoni	[prɛj kartóni]
polyethyleen (het)	polietilen (m)	[poliétilɛn]
cellofaan (het)	celofan (m)	[tsɛlofán]

multiplex (het)	kompensatë (f)	[kompɛnsátə]
porselein (het)	porcelan (m)	[portsɛlán]
porseleinen (bn)	prej porcelani	[prɛj portsɛláni]
klei (de)	argjilë (f)	[aɟílə]
klei-, van klei (bn)	prej argjile	[prɛj aɟílɛ]
keramiek (de)	qeramikë (f)	[cɛramíkə]
keramieken (bn)	prej qeramike	[prɛj cɛramíkɛ]

25. Metalen

metaal (het)	metal (m)	[mɛtál]
metalen (bn)	prej metali	[prɛj mɛtáli]
legering (de)	aliazh (m)	[aliáʒ]

goud (het)	ar (m)	[ár]
gouden (bn)	prej ari	[prɛj ári]
zilver (het)	argjend (m)	[aɟénd]
zilveren (bn)	prej argjendi	[prɛj aɟéndi]

ijzer (het)	hekur (m)	[hékuɾ]
ijzeren	prej hekuri	[prɛj hékuri]
staal (het)	çelik (m)	[tʃɛlík]
stalen (bn)	prej çeliku	[prɛj tʃɛlíku]
koper (het)	bakër (m)	[bákəɾ]
koperen (bn)	prej bakri	[prɛj bákri]

aluminium (het)	alumin (m)	[alumín]
aluminium (bn)	prej alumini	[prɛj alumíni]
brons (het)	bronz (m)	[bronz]
bronzen (bn)	prej bronzi	[prɛj brónzi]

messing (het)	tunxh (m)	[tundʒ]
nikkel (het)	nikel (m)	[nikél]
platina (het)	platin (m)	[platín]
kwik (het)	merkur (m)	[mɛrkúɾ]
tin (het)	kallaj (m)	[kałáj]
lood (het)	plumb (m)	[plúmb]
zink (het)	zink (m)	[zink]

MENS

Mens. Het lichaam

26. Mensen. Basisbegrippen

mens (de)	qenie njerëzore (f)	[cɛníɛ ɲɛrəzórɛ]
man (de)	burrë (m)	[búrə]
vrouw (de)	grua (f)	[grúa]
kind (het)	fëmijë (f)	[fəmíjə]
meisje (het)	vajzë (f)	[vájzə]
jongen (de)	djalë (f)	[djálə]
tiener, adolescent (de)	adoleshent (m)	[adolɛʃént]
oude man (de)	plak (m)	[plak]
oude vrouw (de)	plakë (f)	[plákə]

27. Menselijke anatomie

organisme (het)	organizëm (m)	[organízəm]
hart (het)	zemër (f)	[zémər]
bloed (het)	gjak (m)	[ɟak]
slagader (de)	arterie (f)	[artériɛ]
ader (de)	venë (f)	[vénə]
hersenen (mv.)	tru (m)	[tru]
zenuw (de)	nerv (m)	[nɛrv]
zenuwen (mv.)	nerva (f)	[nérva]
wervel (de)	vertebër (f)	[vɛrtébər]
ruggengraat (de)	shtyllë kurrizore (f)	[ʃtýɬə kurizórɛ]
maag (de)	stomak (m)	[stomák]
darmen (mv.)	zorrët (f)	[zórət]
darm (de)	zorrë (f)	[zórə]
lever (de)	mëlçi (f)	[məltʃí]
nier (de)	veshkë (f)	[véʃkə]
been (deel van het skelet)	kockë (f)	[kótskə]
skelet (het)	skelet (m)	[skɛlét]
rib (de)	brinjë (f)	[bríɲə]
schedel (de)	kafkë (f)	[káfkə]
spier (de)	muskul (m)	[múskul]
biceps (de)	biceps (m)	[bitséps]
triceps (de)	triceps (m)	[tritséps]
pees (de)	tendon (f)	[tɛndón]
gewricht (het)	nyje (f)	[nýjɛ]

longen (mv.)	mushkëri (m)	[muʃkərí]
geslachtsorganen (mv.)	organe gjenitale (f)	[orgáne ɟenitále]
huid (de)	lëkurë (f)	[ləkúrə]

28. Hoofd

hoofd (het)	kokë (f)	[kókə]
gezicht (het)	fytyrë (f)	[fytýrə]
neus (de)	hundë (f)	[húndə]
mond (de)	gojë (f)	[gójə]

oog (het)	sy (m)	[sy]
ogen (mv.)	sytë	[sýtə]
pupil (de)	bebëz (f)	[bébəz]
wenkbrauw (de)	vetull (f)	[vétuɫ]
wimper (de)	qerpik (m)	[cɛrpík]
ooglid (het)	qepallë (f)	[cɛpáɫə]

tong (de)	gjuhë (f)	[ɟúhə]
tand (de)	dhëmb (m)	[ðəmb]
lippen (mv.)	buzë (f)	[búzə]
jukbeenderen (mv.)	mollëza (f)	[móɫəza]
tandvlees (het)	mishrat e dhëmbëve	[míʃrat ɛ ðəmbəvɛ]
gehemelte (het)	qiellzë (f)	[ciéɫzə]

neusgaten (mv.)	vrimat e hundës (pl)	[vrímat ɛ húndəs]
kin (de)	mjekër (f)	[mjékər]
kaak (de)	nofull (f)	[nófuɫ]
wang (de)	faqe (f)	[fácɛ]

voorhoofd (het)	ball (m)	[báɫ]
slaap (de)	tëmth (m)	[təmθ]
oor (het)	vesh (m)	[vɛʃ]
achterhoofd (het)	zverk (m)	[zvɛrk]
hals (de)	qafë (f)	[cáfə]
keel (de)	fyt (m)	[fyt]

haren (mv.)	flokë (pl)	[flókə]
kapsel (het)	model flokësh (m)	[modél flókəʃ]
haarsnit (de)	prerje flokësh (f)	[prérjɛ flókəʃ]
pruik (de)	paruke (f)	[parúkɛ]

snor (de)	mustaqe (f)	[mustácɛ]
baard (de)	mjekër (f)	[mjékər]
dragen (een baard, enz.)	lë mjekër	[lə mjékər]
vlecht (de)	gërshet (m)	[gərʃét]
bakkebaarden (mv.)	baseta (f)	[baséta]

ros (roodachtig, rossig)	flokëkuqe	[flokəkúcɛ]
grijs (~ haar)	thinja	[θíɲa]
kaal (bn)	qeros	[cɛrós]
kale plek (de)	tullë (f)	[túɫə]
paardenstaart (de)	bishtalec (m)	[biʃtaléts]
pony (de)	balluke (f)	[baɫúkɛ]

29. Menselijk lichaam

hand (de)	dorë (f)	[dórə]
arm (de)	krah (m)	[krah]

vinger (de)	gisht i dorës (m)	[gíʃt i dórəs]
teen (de)	gisht i këmbës (m)	[gíʃt i kémbəs]
duim (de)	gishti i madh (m)	[gíʃti i máð]
pink (de)	gishti i vogël (m)	[gíʃti i vógəl]
nagel (de)	thua (f)	[θúa]

vuist (de)	grusht (m)	[grúʃt]
handpalm (de)	pëllëmbë dore (f)	[pətémbə dórɛ]
pols (de)	kyç (m)	[kytʃ]
voorarm (de)	parakrah (m)	[parakráh]
elleboog (de)	bërryl (m)	[bərýl]
schouder (de)	shpatull (f)	[ʃpátuł]

been (rechter ~)	këmbë (f)	[kémbə]
voet (de)	shputë (f)	[ʃpútə]
knie (de)	gju (m)	[ɟú]
kuit (de)	pulpë (f)	[púlpə]
heup (de)	ijë (f)	[íjə]
hiel (de)	thembër (f)	[θémbər]

lichaam (het)	trup (m)	[trup]
buik (de)	stomak (m)	[stomák]
borst (de)	kraharor (m)	[kraharór]
borst (de)	gjoks (m)	[ɟóks]
zijde (de)	krah (m)	[krah]
rug (de)	kurriz (m)	[kuríz]
lage rug (de)	fundshpina (f)	[fundʃpína]
taille (de)	beli (m)	[béli]

navel (de)	kërthizë (f)	[kərθízə]
billen (mv.)	vithe (f)	[víθɛ]
achterwerk (het)	prapanica (f)	[prapanítsa]

huidvlek (de)	nishan (m)	[niʃán]
moedervlek (de)	shenjë lindjeje (f)	[ʃéɲə líndjɛjɛ]
tatoeage (de)	tatuazh (m)	[tatuáʒ]
litteken (het)	shenjë (f)	[ʃéɲə]

Kleding en accessoires

30. Bovenkleding. Jassen

kleren (mv.)	rroba (f)	[róba]
bovenkleding (de)	veshje e sipërme (f)	[véʃjɛ ɛ sípərmɛ]
winterkleding (de)	veshje dimri (f)	[véʃjɛ dímri]
jas (de)	pallto (f)	[páɫto]
bontjas (de)	gëzof (m)	[gəzóf]
bontjasje (het)	xhaketë lëkure (f)	[dʒakétə ləkúrɛ]
donzen jas (de)	xhup (m)	[dʒup]
jasje (bijv. een leren ~)	xhaketë (f)	[dʒakétə]
regenjas (de)	pardesy (f)	[pardɛsý]
waterdicht (bn)	kundër shiut	[kúndər ʃiut]

31. Heren & dames kleding

overhemd (het)	këmishë (f)	[kəmíʃə]
broek (de)	pantallona (f)	[pantaɫóna]
jeans (de)	xhinse (f)	[dʒínsɛ]
colbert (de)	xhaketë kostumi (f)	[dʒakétə kostúmi]
kostuum (het)	kostum (m)	[kostúm]
jurk (de)	fustan (m)	[fustán]
rok (de)	fund (m)	[fund]
blouse (de)	bluzë (f)	[blúzə]
wollen vest (de)	xhaketë me thurje (f)	[dʒakétə mɛ θúrjɛ]
blazer (kort jasje)	xhaketë femrash (f)	[dʒakétə fémraʃ]
T-shirt (het)	bluzë (f)	[blúzə]
shorts (mv.)	pantallona të shkurtra (f)	[pantaɫóna tə ʃkúrtra]
trainingspak (het)	tuta sportive (f)	[túta sportívɛ]
badjas (de)	peshqir trupi (m)	[pɛʃcír trúpi]
pyjama (de)	pizhame (f)	[piʒámɛ]
sweater (de)	triko (f)	[tríko]
pullover (de)	pulovër (m)	[pulóvər]
gilet (het)	jelek (m)	[jɛlék]
rokkostuum (het)	frak (m)	[frak]
smoking (de)	smoking (m)	[smokín]
uniform (het)	uniformë (f)	[unifórmə]
werkkleding (de)	rroba pune (f)	[róba púnɛ]
overall (de)	kominoshe (f)	[kominóʃɛ]
doktersjas (de)	uniformë (f)	[unifórmə]

32. Kleding. Ondergoed

ondergoed (het)	të brendshme (f)	[tə bréndʃmɛ]
herenslip (de)	boksera (f)	[bokséra]
slipjes (mv.)	brekë (f)	[brékə]
onderhemd (het)	fanellë (f)	[fanétə]
sokken (mv.)	çorape (pl)	[tʃorápɛ]
nachthemd (het)	këmishë nate (f)	[kəmíʃə nátɛ]
beha (de)	sytjena (f)	[sytjéna]
kniekousen (mv.)	çorape déri tek gjuri (pl)	[tʃorápɛ déri ték ɟúri]
panty (de)	geta (f)	[géta]
nylonkousen (mv.)	çorape të holla (pl)	[tʃorápɛ tə hóła]
badpak (het)	rrobë banje (f)	[róbə báɲɛ]

33. Hoofddeksels

hoed (de)	kapelë (f)	[kapélə]
deukhoed (de)	kapelë republike (f)	[kapélə rɛpublíkɛ]
honkbalpet (de)	kapelë bejsbolli (f)	[kapélə bɛjsbóti]
kleppet (de)	kapelë e sheshtë (f)	[kapélə ɛ ʃéʃtə]
baret (de)	beretë (f)	[bɛrétə]
kap (de)	kapuç (m)	[kapútʃ]
panamahoed (de)	kapelë panama (f)	[kapélə panamá]
gebreide muts (de)	kapuç leshi (m)	[kapútʃ léʃi]
hoofddoek (de)	shami (f)	[ʃamí]
dameshoed (de)	kapelë femrash (f)	[kapélə fémraʃ]
veiligheidshelm (de)	helmetë (f)	[hɛlmétə]
veldmuts (de)	kapelë ushtrie (f)	[kapélə uʃtríɛ]
helm, valhelm (de)	helmetë (f)	[hɛlmétə]
bolhoed (de)	kapelë derby (f)	[kapélə dérby]
hoge hoed (de)	kapelë cilindër (f)	[kapélə tsilíndər]

34. Schoeisel

schoeisel (het)	këpucë (pl)	[kəpútsə]
schoenen (mv.)	këpucë burrash (pl)	[kəpútsə búraʃ]
vrouwenschoenen (mv.)	këpucë grash (pl)	[kəpútsə gráʃ]
laarzen (mv.)	çizme (pl)	[tʃízmɛ]
pantoffels (mv.)	pantofla (pl)	[pantófla]
sportschoenen (mv.)	atlete tenisi (pl)	[atlétɛ tɛnísi]
sneakers (mv.)	atlete (pl)	[atlétɛ]
sandalen (mv.)	sandale (pl)	[sandálɛ]
schoenlapper (de)	këpucëtar (m)	[kəputsətár]
hiel (de)	takë (f)	[tákə]

paar (een ~ schoenen)	palë (f)	[pálə]
veter (de)	lidhëse këpucësh (f)	[líðɛsɛ kəpútsəʃ]
rijgen (schoenen ~)	lidh këpucët	[lið kəpútsət]
schoenlepel (de)	lugë këpucësh (f)	[lúgə kəpútsəʃ]
schoensmeer (de/het)	bojë këpucësh (f)	[bójə kəpútsəʃ]

35. Textiel. Weefsel

katoen (de/het)	pambuk (m)	[pambúk]
katoenen (bn)	i pambuktë	[i pambúktə]
vlas (het)	li (m)	[li]
vlas-, van vlas (bn)	prej liri	[prɛj líri]

zijde (de)	mëndafsh (m)	[məndáfʃ]
zijden (bn)	i mëndafshtë	[i məndáfʃtə]
wol (de)	lesh (m)	[lɛʃ]
wollen (bn)	i leshtë	[i léʃtə]

fluweel (het)	kadife (f)	[kadífɛ]
suède (de)	kamosh (m)	[kamóʃ]
ribfluweel (het)	kadife me riga (f)	[kadífɛ mɛ ríga]

nylon (de/het)	najlon (m)	[najlón]
nylon-, van nylon (bn)	prej najloni	[prɛj najlóni]
polyester (het)	poliestër (m)	[poliéstər]
polyester- (abn)	prej poliestri	[prɛj poliéstri]

leer (het)	lëkurë (f)	[ləkúrə]
leren (van leer gemaak)	prej lëkure	[prɛj ləkúrɛ]
bont (het)	gëzof (m)	[gəzóf]
bont- (abn)	prej gëzofi	[prɛj gəzófi]

36. Persoonlijke accessoires

handschoenen (mv.)	dorëza (pl)	[dórəza]
wanten (mv.)	doreza (f)	[doréza]
sjaal (fleece ~)	shall (m)	[ʃał]

bril (de)	syze (f)	[sýzɛ]
brilmontuur (het)	skelet syzesh (m)	[skɛlét sýzɛʃ]
paraplu (de)	çadër (f)	[tʃádər]
wandelstok (de)	bastun (m)	[bastún]
haarborstel (de)	furçë flokësh (f)	[fúrtʃə flókəʃ]
waaier (de)	erashkë (f)	[ɛráʃkə]

das (de)	kravatë (f)	[kravátə]
strikje (het)	papion (m)	[papión]
bretels (mv.)	aski (pl)	[askí]
zakdoek (de)	shami (f)	[ʃamí]

| kam (de) | krehër (m) | [kréhər] |
| haarspeldje (het) | kapëse flokësh (f) | [kápəsɛ flókəʃ] |

| schuifspeldje (het) | karficë (f) | [karfítsə] |
| gesp (de) | tokëz (f) | [tókəz] |

| broekriem (de) | rrip (m) | [rip] |
| draagriem (de) | rrip supi (m) | [rip súpi] |

handtas (de)	çantë dore (f)	[tʃántə dórɛ]
damestas (de)	çantë (f)	[tʃántə]
rugzak (de)	çantë shpine (f)	[tʃántə ʃpínɛ]

37. Kleding. Diversen

mode (de)	modë (f)	[módə]
de mode (bn)	në modë	[nə módə]
kledingstilist (de)	stilist (m)	[stilíst]

kraag (de)	jakë (f)	[jákə]
zak (de)	xhep (m)	[dʒɛp]
zak- (abn)	i xhepit	[i dʒépit]
mouw (de)	mëngë (f)	[méɲə]
lusje (het)	hallkë për varje (f)	[háɫkə pər várjɛ]
gulp (de)	zinxhir (m)	[zindʒír]

rits (de)	zinxhir (m)	[zindʒír]
sluiting (de)	kapëse (f)	[kápəsɛ]
knoop (de)	kopsë (f)	[kópsə]
knoopsgat (het)	vrimë kopse (f)	[vrímə kópsɛ]
losraken (bijv. knopen)	këputet	[kəpútɛt]

naaien (kleren, enz.)	qep	[cɛp]
borduren (ww)	qëndis	[cəndís]
borduursel (het)	qëndisje (f)	[cəndísjɛ]
naald (de)	gjilpërë për qepje (f)	[ɟilpə́rə pər cépjɛ]
draad (de)	pe (m)	[pɛ]
naad (de)	tegel (m)	[tɛgél]

vies worden (ww)	bëhem pis	[bə́hɛm pis]
vlek (de)	njollë (f)	[ɲóɫə]
gekreukt raken (ov. kleren)	zhubros	[ʒubrós]
scheuren (ov.ww.)	gris	[gris]
mot (de)	molë rrobash (f)	[mólə róbaʃ]

38. Persoonlijke verzorging. Schoonheidsmiddelen

tandpasta (de)	pastë dhëmbësh (f)	[pástə ðə́mbəʃ]
tandenborstel (de)	furçë dhëmbësh (f)	[fúrtʃə ðə́mbəʃ]
tanden poetsen (ww)	laj dhëmbët	[laj ðə́mbət]

scheermes (het)	brisk (m)	[brísk]
scheerschuim (het)	pastë rroje (f)	[pástə rójɛ]
zich scheren (ww)	rruhem	[rúhɛm]
zeep (de)	sapun (m)	[sapún]

shampoo (de)	shampo (f)	[ʃampó]
schaar (de)	gërshërë (f)	[ɡərʃérə]
nagelvijl (de)	limë thonjsh (f)	[límə θóɲʃ]
nagelknipper (de)	prerëse thonjsh (f)	[prérəsɛ θóɲʃ]
pincet (het)	piskatore vetullash (f)	[piskatórɛ vétuɫaʃ]

cosmetica (mv.)	kozmetikë (f)	[kozmɛtíkə]
masker (het)	maskë fytyre (f)	[máskə fytýrɛ]
manicure (de)	manikyr (m)	[manikýr]
manicure doen	bëj manikyr	[bəj manikýr]
pedicure (de)	pedikyr (m)	[pɛdikýr]

cosmetica tasje (het)	çantë kozmetike (f)	[tʃántə kozmɛtíkɛ]
poeder (de/het)	pudër fytyre (f)	[púdər fytýrɛ]
poederdoos (de)	pudër kompakte (f)	[púdər kompáktɛ]
rouge (de)	ruzh (m)	[ruʒ]

parfum (de/het)	parfum (m)	[parfúm]
eau de toilet (de)	parfum (m)	[parfúm]
lotion (de)	krem (m)	[krɛm]
eau de cologne (de)	kolonjë (f)	[kolóɲə]

oogschaduw (de)	rimel (m)	[rimél]
oogpotlood (het)	laps për sy (m)	[láps pər sy]
mascara (de)	rimel (m)	[rimél]

lippenstift (de)	buzëkuq (m)	[buzəkúc]
nagellak (de)	llak për thonj (m)	[ɫak pər θóɲ]
haarlak (de)	llak flokësh (m)	[ɫak flókəʃ]
deodorant (de)	deodorant (m)	[dɛodoránt]

crème (de)	krem (m)	[krɛm]
gezichtscrème (de)	krem për fytyrë (m)	[krɛm pər fytýrə]
handcrème (de)	krem për duar (m)	[krɛm pər dúar]
antirimpelcrème (de)	krem kundër rrudhave (m)	[krɛm kúndər rúðavɛ]
dagcrème (de)	krem dite (m)	[krɛm dítɛ]
nachtcrème (de)	krem nate (m)	[krɛm nátɛ]
dag- (abn)	dite	[dítɛ]
nacht- (abn)	nate	[nátɛ]

tampon (de)	tampon (m)	[tampón]
toiletpapier (het)	letër higjienike (f)	[létər hiɟiɛníkɛ]
föhn (de)	tharëse flokësh (f)	[θárəsɛ flókəʃ]

39. Juwelen

sieraden (mv.)	bizhuteri (f)	[biʒutɛrí]
edel (bijv. ~ stenen)	i çmuar	[i tʃmúar]
keurmerk (het)	vulë dalluese (f)	[vúlə daɫúɛsɛ]

ring (de)	unazë (f)	[unázə]
trouwring (de)	unazë martese (f)	[unázə martésɛ]
armband (de)	byzylyk (m)	[byzylýk]
oorringen (mv.)	vathë (pl)	[váθə]

halssnoer (het)	gjerdan (m)	[jɛrdán]
kroon (de)	kurorë (f)	[kurórə]
kralen snoer (het)	qafore me rruaza (f)	[cafórɛ mɛ ruáza]

diamant (de)	diamant (m)	[diamánt]
smaragd (de)	smerald (m)	[smɛráld]
robijn (de)	rubin (m)	[rubín]
saffier (de)	safir (m)	[safír]
parel (de)	perlë (f)	[pérlə]
barnsteen (de)	qelibar (m)	[cɛlibár]

40. Horloges. Klokken

polshorloge (het)	orë dore (f)	[órə dórɛ]
wijzerplaat (de)	faqe e orës (f)	[fácɛ ɛ órəs]
wijzer (de)	akrep (m)	[akrép]
metalen horlogeband (de)	rrip metalik ore (m)	[rip mɛtalík órɛ]
horlogebandje (het)	rrip ore (m)	[rip órɛ]

batterij (de)	bateri (f)	[batɛrí]
leeg zijn (ww)	e shkarkuar	[ɛ ʃkarkúar]
batterij vervangen	ndërroj baterinë	[ndərój batɛrínə]
voorlopen (ww)	kalon shpejt	[kalón ʃpéjt]
achterlopen (ww)	ngel prapa	[ŋɛl prápa]

wandklok (de)	orë muri (f)	[órə múri]
zandloper (de)	orë rëre (f)	[órə rərɛ]
zonnewijzer (de)	orë diellore (f)	[órə dieɫórɛ]
wekker (de)	orë me zile (f)	[órə mɛ zílɛ]
horlogemaker (de)	orëndreqës (m)	[orəndrécəs]
repareren (ww)	ndreq	[ndréc]

Voedsel. Voeding

41. Voedsel

vlees (het)	mish (m)	[miʃ]
kip (de)	pulë (f)	[púlə]
kuiken (het)	mish pule (m)	[miʃ púlɛ]
eend (de)	rosë (f)	[rósə]
gans (de)	patë (f)	[pátə]
wild (het)	gjah (m)	[ɟáh]
kalkoen (de)	mish gjel deti (m)	[miʃ ɟɛl déti]
varkensvlees (het)	mish derri (m)	[miʃ déri]
kalfsvlees (het)	mish viçi (m)	[miʃ vítʃi]
schapenvlees (het)	mish qengji (m)	[miʃ cénɟi]
rundvlees (het)	mish lope (m)	[miʃ lópɛ]
konijnenvlees (het)	mish lepuri (m)	[miʃ lépuri]
worst (de)	salsiçe (f)	[salsítʃɛ]
saucijs (de)	salsiçe vjeneze (f)	[salsítʃɛ vjɛnézɛ]
spek (het)	proshutë (f)	[proʃútə]
ham (de)	sallam (m)	[saɫám]
gerookte achterham (de)	kofshë derri (f)	[kófʃə déri]
paté (de)	pate (f)	[paté]
lever (de)	mëlçi (f)	[məltʃí]
gehakt (het)	hamburger (m)	[hamburgér]
tong (de)	gjuhë (f)	[ɟúhə]
ei (het)	ve (f)	[vɛ]
eieren (mv.)	vezë (pl)	[vézə]
eiwit (het)	e bardhë veze (f)	[ɛ bárðə vézɛ]
eigeel (het)	e verdhë veze (f)	[ɛ vérðə vézɛ]
vis (de)	peshk (m)	[pɛʃk]
zeevruchten (mv.)	fruta deti (pl)	[frúta déti]
schaaldieren (mv.)	krustace (pl)	[krustátsɛ]
kaviaar (de)	havjar (m)	[havjár]
krab (de)	gaforre (f)	[gafórɛ]
garnaal (de)	karkalec (m)	[karkaléts]
oester (de)	midhje (f)	[míðjɛ]
langoest (de)	karavidhe (f)	[karavíðɛ]
octopus (de)	oktapod (m)	[oktapód]
inktvis (de)	kallamarë (f)	[kaɫamárə]
steur (de)	bli (m)	[blí]
zalm (de)	salmon (m)	[salmón]
heilbot (de)	shojzë e Atlantikut Verior (f)	[ʃójzə ɛ atlantíkut vɛriór]
kabeljauw (de)	merluc (m)	[mɛrlúts]

makreel (de)	skumbri (m)	[skúmbri]
tonijn (de)	tunë (f)	[túnə]
paling (de)	ngjalë (f)	[nʝálə]

forel (de)	troftë (f)	[tróftə]
sardine (de)	sardele (f)	[sardélɛ]
snoek (de)	mlysh (m)	[mlýʃ]
haring (de)	harengë (f)	[haréŋə]

brood (het)	bukë (f)	[búkə]
kaas (de)	djath (m)	[djáθ]
suiker (de)	sheqer (m)	[ʃɛcér]
zout (het)	kripë (f)	[krípə]

rijst (de)	oriz (m)	[oríz]
pasta (de)	makarona (f)	[makaróna]
noedels (mv.)	makarona petë (f)	[makaróna pétə]

boter (de)	gjalp (m)	[ʝalp]
plantaardige olie (de)	vaj vegjetal (m)	[vaj vɛʝɛtál]
zonnebloemolie (de)	vaj luledielli (m)	[vaj lulɛdiéɬi]
margarine (de)	margarinë (f)	[margarínə]

olijven (mv.)	ullinj (pl)	[uɬíɲ]
olijfolie (de)	vaj ulliri (m)	[vaj uɬíri]

melk (de)	qumësht (m)	[cúməʃt]
gecondenseerde melk (de)	qumësht i kondensuar (m)	[cúməʃt i kondɛnsúar]
yoghurt (de)	kos (m)	[kos]
zure room (de)	salcë kosi (f)	[sáltsə kosi]
room (de)	krem qumështi (m)	[krɛm cúməʃti]

mayonaise (de)	majonezë (f)	[majonézə]
crème (de)	krem gjalpi (m)	[krɛm ʝálpi]

graan (het)	drithëra (pl)	[dríθəra]
meel (het), bloem (de)	miell (m)	[míɛɬ]
conserven (mv.)	konserva (f)	[konsérva]

maïsvlokken (mv.)	kornfleiks (m)	[kornfléiks]
honing (de)	mjaltë (f)	[mjáltə]
jam (de)	reçel (m)	[rɛtʃél]
kauwgom (de)	çamçakëz (m)	[tʃamtʃakéz]

42. Drankjes

water (het)	ujë (m)	[újə]
drinkwater (het)	ujë i pijshëm (m)	[újə i píjʃəm]
mineraalwater (het)	ujë mineral (m)	[újə minɛrál]

zonder gas	ujë natyral	[újə natyrál]
koolzuurhoudend (bn)	ujë i karbonuar	[újə i karbonúar]
bruisend (bn)	ujë i gazuar	[újə i gazúar]
ijs (het)	akull (m)	[ákuɬ]

met ijs	me akull	[mɛ ákuɫ]
alcohol vrij (bn)	jo alkoolik	[jo alkoolík]
alcohol vrije drank (de)	pije e lehtë (f)	[píjɛ ɛ léhtə]
frisdrank (de)	pije freskuese (f)	[píjɛ frɛskúɛsɛ]
limonade (de)	limonadë (f)	[limonádə]

alcoholische dranken (mv.)	likere (pl)	[likérɛ]
wijn (de)	verë (f)	[vérə]
witte wijn (de)	verë e bardhë (f)	[vérə ɛ bárðə]
rode wijn (de)	verë e kuqe (f)	[vérə ɛ kúcɛ]

likeur (de)	liker (m)	[likér]
champagne (de)	shampanjë (f)	[ʃampáɲə]
vermout (de)	vermut (m)	[vɛrmút]

whisky (de)	uiski (m)	[víski]
wodka (de)	vodkë (f)	[vódkə]
gin (de)	xhin (m)	[dʒin]
cognac (de)	konjak (m)	[koɲák]
rum (de)	rum (m)	[rum]

koffie (de)	kafe (f)	[káfɛ]
zwarte koffie (de)	kafe e zezë (f)	[káfɛ ɛ zézə]
koffie (de) met melk	kafe me qumësht (m)	[káfɛ mɛ cúməʃt]
cappuccino (de)	kapuçino (m)	[kaputʃíno]
oploskoffie (de)	neskafe (f)	[nɛskáfɛ]

melk (de)	qumësht (m)	[cúməʃt]
cocktail (de)	koktej (m)	[koktéj]
milkshake (de)	milkshake (f)	[milkʃákɛ]

sap (het)	lëng frutash (m)	[lən frútaʃ]
tomatensap (het)	lëng domatesh (m)	[lən domátɛʃ]
sinaasappelsap (het)	lëng portokalli (m)	[lən portokáɫi]
vers geperst sap (het)	lëng frutash i freskët (m)	[lən frútaʃ i fréskət]

bier (het)	birrë (f)	[bírə]
licht bier (het)	birrë e lehtë (f)	[bírə ɛ léhtə]
donker bier (het)	birrë e zezë (f)	[bírə ɛ zézə]

thee (de)	çaj (m)	[tʃáj]
zwarte thee (de)	çaj i zi (m)	[tʃáj i zí]
groene thee (de)	çaj jeshil (m)	[tʃáj jɛʃíl]

43. Groenten

| groenten (mv.) | perime (pl) | [pɛrímɛ] |
| verse kruiden (mv.) | zarzavate (pl) | [zarzavátɛ] |

tomaat (de)	domate (f)	[domátɛ]
augurk (de)	kastravec (m)	[kastravéts]
wortel (de)	karotë (f)	[karótə]
aardappel (de)	patate (f)	[patátɛ]
ui (de)	qepë (f)	[cépə]

knoflook (de)	hudhër (f)	[húðər]
kool (de)	lakër (f)	[lákər]
bloemkool (de)	lulelakër (f)	[lulɛlákər]
spruitkool (de)	lakër Brukseli (f)	[lákər brukséli]
broccoli (de)	brokoli (m)	[brókoli]

rode biet (de)	panxhar (m)	[pandʒár]
aubergine (de)	patëllxhan (m)	[patəłdʒán]
courgette (de)	kungulleshë (m)	[kuŋułéʃə]
pompoen (de)	kungull (m)	[kúŋuł]
raap (de)	rrepë (f)	[répə]

peterselie (de)	majdanoz (m)	[majdanóz]
dille (de)	kopër (f)	[kópər]
sla (de)	sallatë jeshile (f)	[sałátə jɛʃílɛ]
selderij (de)	selino (f)	[sɛlíno]
asperge (de)	asparagus (m)	[asparágus]
spinazie (de)	spinaq (m)	[spinác]

erwt (de)	bizele (f)	[bizélɛ]
bonen (mv.)	fasule (f)	[fasúlɛ]
maïs (de)	misër (m)	[mísər]
nierboon (de)	groshë (f)	[gróʃə]

peper (de)	spec (m)	[spɛts]
radijs (de)	rrepkë (f)	[répkə]
artisjok (de)	angjinare (f)	[anɟinárɛ]

44. Vruchten. Noten

vrucht (de)	frut (m)	[frut]
appel (de)	mollë (f)	[mółə]
peer (de)	dardhë (f)	[dárðə]
citroen (de)	limon (m)	[limón]
sinaasappel (de)	portokall (m)	[portokáł]
aardbei (de)	luleshtrydhe (f)	[lulɛʃtrýðɛ]

mandarijn (de)	mandarinë (f)	[mandarínə]
pruim (de)	kumbull (f)	[kúmbuł]
perzik (de)	pjeshkë (f)	[pjéʃkə]
abrikoos (de)	kajsi (f)	[kajsí]
framboos (de)	mjedër (f)	[mjédər]
ananas (de)	ananas (m)	[ananás]

banaan (de)	banane (f)	[banánɛ]
watermeloen (de)	shalqi (m)	[ʃalcí]
druif (de)	rrush (m)	[ruʃ]
zure kers (de)	qershi vishnje (f)	[cɛrʃí víʃnɛ]
zoete kers (de)	qershi (f)	[cɛrʃí]
meloen (de)	pjepër (m)	[pjépər]

grapefruit (de)	grejpfrut (m)	[grɛjpfrút]
avocado (de)	avokado (f)	[avokádo]
papaja (de)	papaja (f)	[papája]

mango (de)	mango (f)	[máŋo]
granaatappel (de)	shegë (f)	[ʃégə]

rode bes (de)	kaliboba e kuqe (f)	[kalibóba ɛ kúcɛ]
zwarte bes (de)	kaliboba e zezë (f)	[kalibóba ɛ zézə]
kruisbes (de)	kulumbri (f)	[kulumbrí]
blauwe bosbes (de)	boronicë (f)	[boronítsə]
braambes (de)	manaferra (f)	[manaféra]

rozijn (de)	rrush i thatë (m)	[ruʃ i θátə]
vijg (de)	fik (m)	[fik]
dadel (de)	hurmë (f)	[húrmə]

pinda (de)	kikirik (m)	[kikirík]
amandel (de)	bajame (f)	[bajámɛ]
walnoot (de)	arrë (f)	[árə]
hazelnoot (de)	lajthi (f)	[lajθí]
kokosnoot (de)	arrë kokosi (f)	[árə kokósi]
pistaches (mv.)	fëstëk (m)	[fəsték]

45. Brood. Snoep

suikerbakkerij (de)	ëmbëlsira (pl)	[əmbəlsíra]
brood (het)	bukë (f)	[búkə]
koekje (het)	biskota (pl)	[biskóta]

chocolade (de)	çokollatë (f)	[tʃokoɫátə]
chocolade- (abn)	prej çokollate	[prɛj tʃokoɫátɛ]
snoepje (het)	karamele (f)	[karamélɛ]
cakeje (het)	kek (m)	[kék]
taart (bijv. verjaardags~)	tortë (f)	[tórtə]

pastei (de)	tortë (f)	[tórtə]
vulling (de)	mbushje (f)	[mbúʃjɛ]

confituur (de)	reçel (m)	[rɛtʃél]
marmelade (de)	marmelatë (f)	[marmɛlátə]
wafel (de)	vafera (pl)	[vaféra]
ijsje (het)	akullore (f)	[akuɫórɛ]
pudding (de)	puding (m)	[pudíŋ]

46. Bereide gerechten

gerecht (het)	pjatë (f)	[pjátə]
keuken (bijv. Franse ~)	kuzhinë (f)	[kuʒínə]
recept (het)	recetë (f)	[rɛtsétə]
portie (de)	racion (m)	[ratsión]

salade (de)	sallatë (f)	[saɫátə]
soep (de)	supë (f)	[súpə]
bouillon (de)	lëng mishi (m)	[ləŋ míʃi]
boterham (de)	sandviç (m)	[sandvítʃ]

spiegelei (het)	**vezë të skuqura** (pl)	[vézə tə skúcura]
hamburger (de)	**hamburger**	[hamburgér]
biefstuk (de)	**biftek** (m)	[bifték]

garnering (de)	**garniturë** (f)	[garnitúrə]
spaghetti (de)	**shpageti** (pl)	[ʃpagéti]
aardappelpuree (de)	**pure patatesh** (f)	[puré patátɛʃ]
pizza (de)	**pica** (f)	[pítsa]
pap (de)	**qull** (m)	[cuɫ]
omelet (de)	**omëletë** (f)	[oməlétə]

gekookt (in water)	**i zier**	[i zíɛr]
gerookt (bn)	**i tymosur**	[i tymósur]
gebakken (bn)	**i skuqur**	[i skúcur]
gedroogd (bn)	**i tharë**	[i θárə]
diepvries (bn)	**i ngrirë**	[i ŋrírə]
gemarineerd (bn)	**i marinuar**	[i marinúar]

zoet (bn)	**i ëmbël**	[i émbəl]
gezouten (bn)	**i kripur**	[i krípur]
koud (bn)	**i ftohtë**	[i ftóhtə]
heet (bn)	**i nxehtë**	[i ndzéhtə]
bitter (bn)	**i hidhur**	[i híður]
lekker (bn)	**i shijshëm**	[i ʃíʃəm]

koken (in kokend water)	**ziej**	[zíɛj]
bereiden (avondmaaltijd ~)	**gatuaj**	[gatúaj]
bakken (ww)	**skuq**	[skuc]
opwarmen (ww)	**ngroh**	[ŋróh]

zouten (ww)	**hedh kripë**	[ħɛð krípə]
peperen (ww)	**hedh piper**	[ħɛð pipér]
raspen (ww)	**rendoj**	[rɛndój]
schil (de)	**lëkurë** (f)	[ləkúrə]
schillen (ww)	**qëroj**	[cərój]

47. Kruiden

zout (het)	**kripë** (f)	[krípə]
gezouten (bn)	**i kripur**	[i krípur]
zouten (ww)	**hedh kripë**	[ħɛð krípə]

zwarte peper (de)	**piper i zi** (m)	[pipér i zi]
rode peper (de)	**piper i kuq** (m)	[pipér i kuc]
mosterd (de)	**mustardë** (f)	[mustárdə]
mierikswortel (de)	**rrepë djegëse** (f)	[répə djégəsɛ]

condiment (het)	**salcë** (f)	[sáltsə]
specerij, kruiderij (de)	**erëz** (f)	[érəz]
saus (de)	**salcë** (f)	[sáltsə]
azijn (de)	**uthull** (f)	[úθuɫ]

anijs (de)	**anisetë** (f)	[anisétə]
basilicum (de)	**borzilok** (m)	[borzilók]

kruidnagel (de)	karafil (m)	[karafíl]
gember (de)	xhenxhefil (m)	[dʒendʒefíl]
koriander (de)	koriandër (m)	[koriándər]
kaneel (de/het)	kanellë (f)	[kanéɫə]

sesamzaad (het)	susam (m)	[susám]
laurierblad (het)	gjeth dafine (m)	[ɟɛθ dafínɛ]
paprika (de)	spec (m)	[spɛts]
komijn (de)	kumin (m)	[kumín]
saffraan (de)	shafran (m)	[ʃafrán]

48. Maaltijden

| eten (het) | ushqim (m) | [uʃcím] |
| eten (ww) | ha | [ha] |

ontbijt (het)	mëngjes (m)	[mənɟés]
ontbijten (ww)	ha mëngjes	[ha mənɟés]
lunch (de)	drekë (f)	[drékə]
lunchen (ww)	ha drekë	[ha drékə]
avondeten (het)	darkë (f)	[dárkə]
souperen (ww)	ha darkë	[ha dárkə]

| eetlust (de) | oreks (m) | [oréks] |
| Eet smakelijk! | Të bëftë mirë! | [tə bəftə mírə!] |

openen (een fles ~)	hap	[hap]
morsen (koffie, enz.)	derdh	[dérð]
zijn gemorst	derdhje	[dérðjɛ]

koken (water kookt bij 100°C)	ziej	[zíɛj]
koken (Hoe om water te ~)	ziej	[zíɛj]
gekookt (~ water)	i zier	[i zíɛr]
afkoelen (koeler maken)	ftoh	[ftoh]
afkoelen (koeler worden)	ftohje	[ftóhjɛ]

| smaak (de) | shije (f) | [ʃíjɛ] |
| nasmaak (de) | shije (f) | [ʃíjɛ] |

volgen een dieet	dobësohem	[dobəsóhɛm]
dieet (het)	dietë (f)	[diétə]
vitamine (de)	vitaminë (f)	[vitamínə]
calorie (de)	kalori (f)	[kalorí]

| vegetariër (de) | vegjetarian (m) | [vɛɟetarián] |
| vegetarisch (bn) | vegjetarian | [vɛɟetarián] |

vetten (mv.)	yndyrë (f)	[yndýrə]
eiwitten (mv.)	proteinë (f)	[protɛínə]
koolhydraten (mv.)	karbohidrat (m)	[karbohidrát]

snede (de)	fetë (f)	[fétə]
stuk (bijv. een ~ taart)	copë (f)	[tsópə]
kruimel (de)	dromcë (f)	[drómtsə]

49. Tafelschikking

lepel (de)	**lugë** (f)	[lúgə]
mes (het)	**thikë** (f)	[θíkə]
vork (de)	**pirun** (m)	[pirún]

kopje (het)	**filxhan** (m)	[fildʒán]
bord (het)	**pjatë** (f)	[pjátə]
schoteltje (het)	**pjatë filxhani** (f)	[pjátə fildʒáni]
servet (het)	**pecetë** (f)	[pɛtsétə]
tandenstoker (de)	**kruajtëse dhëmbësh** (f)	[krúajtəsɛ ðə́mbəʃ]

50. Restaurant

restaurant (het)	**restorant** (m)	[rɛstoránt]
koffiehuis (het)	**kafene** (f)	[kafɛné]
bar (de)	**pab** (m), **pijetore** (f)	[pab], [pijɛtórɛ]
tearoom (de)	**çajtore** (f)	[tʃajtórɛ]

kelner, ober (de)	**kamerier** (m)	[kamɛriér]
serveerster (de)	**kameriere** (f)	[kamɛriérɛ]
barman (de)	**banakier** (m)	[banakiér]

menu (het)	**menu** (f)	[mɛnú]
wijnkaart (de)	**menu verërash** (f)	[mɛnú vérəraʃ]
een tafel reserveren	**rezervoj një tavolinë**	[rɛzɛrvój ɲə tavolínə]

gerecht (het)	**pjatë** (f)	[pjátə]
bestellen (eten ~)	**porosis**	[porosís]
een bestelling maken	**bëj porosinë**	[bəj porosínə]

aperitief (de/het)	**aperitiv** (m)	[apɛritív]
voorgerecht (het)	**antipastë** (f)	[antipástə]
dessert (het)	**ëmbëlsirë** (f)	[əmbəlsírə]

rekening (de)	**faturë** (f)	[fatúrə]
de rekening betalen	**paguaj faturën**	[pagúaj fatúrən]
wisselgeld teruggeven	**jap kusur**	[jap kusúr]
fooi (de)	**bakshish** (m)	[bakʃíʃ]

Familie, verwanten en vrienden

51. Persoonlijke informatie. Formulieren

naam (de)	emër (m)	[émər]
achternaam (de)	mbiemër (m)	[mbiémər]
geboortedatum (de)	datëlindje (f)	[datəlíndjɛ]
geboorteplaats (de)	vendlindje (f)	[vɛndlíndjɛ]
nationaliteit (de)	kombësi (f)	[kombəsí]
woonplaats (de)	vendbanim (m)	[vɛndbaním]
land (het)	shtet (m)	[ʃtɛt]
beroep (het)	profesion (m)	[profɛsión]
geslacht (ov. het vrouwelijk ~)	gjinia (f)	[ɟinía]
lengte (de)	gjatësia (f)	[ɟatəsía]
gewicht (het)	peshë (f)	[péʃə]

52. Familieleden. Verwanten

moeder (de)	nënë (f)	[nénə]
vader (de)	baba (f)	[babá]
zoon (de)	bir (m)	[bir]
dochter (de)	bijë (f)	[bíjə]
jongste dochter (de)	vajza e vogël (f)	[vájza ɛ vógəl]
jongste zoon (de)	djali i vogël (m)	[djáli i vógəl]
oudste dochter (de)	vajza e madhe (f)	[vájza ɛ máðɛ]
oudste zoon (de)	djali i vogël (m)	[djáli i vógəl]
broer (de)	vëlla (m)	[vəɫá]
oudere broer (de)	vëllai i madh (m)	[vəɫái i mað]
jongere broer (de)	vëllai i vogël (m)	[vəɫai i vógəl]
zuster (de)	motër (f)	[mótər]
oudere zuster (de)	motra e madhe (f)	[mótra ɛ máðɛ]
jongere zuster (de)	motra e vogël (f)	[mótra ɛ vógəl]
neef (zoon van oom, tante)	kushëri (m)	[kuʃərí]
nicht (dochter van oom, tante)	kushërirë (f)	[kuʃərírə]
mama (de)	mami (f)	[mámi]
papa (de)	babi (m)	[bábi]
ouders (mv.)	prindër (pl)	[príndər]
kind (het)	fëmijë (f)	[fəmíjə]
kinderen (mv.)	fëmijë (pl)	[fəmíjə]
oma (de)	gjyshe (f)	[ɟýʃɛ]

opa (de)	gjysh (m)	[ɟyʃ]
kleinzoon (de)	nip (m)	[nip]
kleindochter (de)	mbesë (f)	[mbésə]
kleinkinderen (mv.)	nipër e mbesa (pl)	[nípər ɛ mbésa]

oom (de)	dajë (f)	[dájə]
tante (de)	teze (f)	[tézɛ]
neef (zoon van broer, zus)	nip (m)	[nip]
nicht (dochter van broer, zus)	mbesë (f)	[mbésə]

schoonmoeder (de)	vjehrrë (f)	[vjéhrə]
schoonvader (de)	vjehrri (m)	[vjéhri]
schoonzoon (de)	dhëndër (m)	[ðéndər]
stiefmoeder (de)	njerkë (f)	[ɲérkə]
stiefvader (de)	njerk (m)	[ɲérk]

zuigeling (de)	foshnjë (f)	[fóʃɲə]
wiegenkind (het)	fëmijë (f)	[fəmíjə]
kleuter (de)	djalosh (m)	[djalóʃ]

vrouw (de)	bashkëshorte (f)	[baʃkəʃórtɛ]
man (de)	bashkëshort (m)	[baʃkəʃórt]
echtgenoot (de)	bashkëshort (m)	[baʃkəʃórt]
echtgenote (de)	bashkëshorte (f)	[baʃkəʃórtɛ]

gehuwd (mann.)	i martuar	[i martúar]
gehuwd (vrouw.)	e martuar	[ɛ martúar]
ongehuwd (mann.)	beqar	[bɛcár]
vrijgezel (de)	beqar (m)	[bɛcár]
gescheiden (bn)	i divorcuar	[i divortsúar]
weduwe (de)	vejushë (f)	[vɛjúʃə]
weduwnaar (de)	vejan (m)	[vɛján]

familielid (het)	kushëri (m)	[kuʃərí]
dichte familielid (het)	kushëri i afërt (m)	[kuʃərí i áfərt]
verre familielid (het)	kushëri i largët (m)	[kuʃərí i lárgət]
familieleden (mv.)	kushërinj (pl)	[kuʃəríɲ]

wees (weesjongen)	jetim (m)	[jɛtím]
wees (weesmeisje)	jetime (f)	[jɛtímɛ]
voogd (de)	kujdestar (m)	[kujdɛstár]
adopteren (een jongen te ~)	adoptoj	[adoptój]
adopteren (een meisje te ~)	adoptoj	[adoptój]

53. Vrienden. Collega's

vriend (de)	mik (m)	[mik]
vriendin (de)	mike (f)	[míkɛ]
vriendschap (de)	miqësi (f)	[micəsí]
bevriend zijn (ww)	të miqësohem	[tə micəsóhɛm]

makker (de)	shok (m)	[ʃok]
vriendin (de)	shoqe (f)	[ʃócɛ]
partner (de)	partner (m)	[partnér]

chef (de)	shef (m)	[ʃɛf]
baas (de)	epror (m)	[ɛprór]
eigenaar (de)	pronar (m)	[pronár]
ondergeschikte (de)	vartës (m)	[vártəs]
collega (de)	koleg (m)	[kolég]

kennis (de)	i njohur (m)	[i ɲóhur]
medereiziger (de)	bashkudhëtar (m)	[baʃkuðətár]
klasgenoot (de)	shok klase (m)	[ʃok klásɛ]

buurman (de)	komshi (m)	[komʃí]
buurvrouw (de)	komshike (f)	[komʃíkɛ]
buren (mv.)	komshinj (pl)	[komʃíɲ]

54. Man. Vrouw

vrouw (de)	grua (f)	[grúa]
meisje (het)	vajzë (f)	[vájzə]
bruid (de)	nuse (f)	[núsɛ]

mooi(e) (vrouw, meisje)	i bukur	[i búkur]
groot, grote (vrouw, meisje)	i gjatë	[i ɟátə]
slank(e) (vrouw, meisje)	i hollë	[i hółə]
korte, kleine (vrouw, meisje)	i shkurtër	[i ʃkúrtər]

blondine (de)	bionde (f)	[bióndɛ]
brunette (de)	zeshkane (f)	[zɛʃkánɛ]

dames- (abn)	për femra	[pər fémra]
maagd (de)	virgjëreshë (f)	[viɲəréʃə]
zwanger (bn)	shtatzënë	[ʃtatzénə]
man (de)	burrë (m)	[búrə]
blonde man (de)	biond (m)	[biónd]
bruinharige man (de)	zeshkan (m)	[zɛʃkán]
groot (bn)	i gjatë	[i ɟátə]
klein (bn)	i shkurtër	[i ʃkúrtər]

onbeleefd (bn)	i vrazhdë	[i vráʒdə]
gedrongen (bn)	trupngjeshur	[trupnɟéʃur]
robuust (bn)	i fuqishëm	[i fucíʃəm]
sterk (bn)	i fortë	[i fórtə]
sterkte (de)	forcë (f)	[fórtsə]

mollig (bn)	bullafiq	[bułafíc]
getaand (bn)	zeshkan	[zɛʃkán]
slank (bn)	i hollë	[i hółə]
elegant (bn)	elegant	[ɛlɛgánt]

55. Leeftijd

leeftijd (de)	moshë (f)	[móʃə]
jeugd (de)	rini (f)	[riní]

jong (bn)	i ri	[i rí]
jonger (bn)	më i ri	[mə i rí]
ouder (bn)	më i vjetër	[mə i vjétər]
jongen (de)	djalë i ri (m)	[djálə i rí]
tiener, adolescent (de)	adoleshent (m)	[adolɛʃént]
kerel (de)	djalë (f)	[djálə]
oude man (de)	plak (m)	[plak]
oude vrouw (de)	plakë (f)	[plákə]
volwassen (bn)	i rritur	[i rítur]
van middelbare leeftijd (bn)	mesoburrë	[mɛsobúrə]
bejaard (bn)	i moshuar	[i moʃúar]
oud (bn)	i vjetër	[i vjétər]
pensioen (het)	pension (m)	[pɛnsión]
met pensioen gaan	dal në pension	[dál nə pɛnsión]
gepensioneerde (de)	pensionist (m)	[pɛnsioníst]

56. Kinderen

kind (het)	fëmijë (f)	[fəmíjə]
kinderen (mv.)	fëmijë (pl)	[fəmíjə]
tweeling (de)	binjakë (pl)	[biɲákə]
wieg (de)	djep (m)	[djép]
rammelaar (de)	rraketake (f)	[rakɛtákɛ]
luier (de)	pelenë (f)	[pɛlénə]
speen (de)	biberon (m)	[bibɛrón]
kinderwagen (de)	karrocë për bebe (f)	[karótsə pər bébɛ]
kleuterschool (de)	kopsht fëmijësh (m)	[kópʃt fəmíjəʃ]
babysitter (de)	dado (f)	[dádo]
kindertijd (de)	fëmijëri (f)	[fəmijərí]
pop (de)	kukull (f)	[kúkuɫ]
speelgoed (het)	lodër (f)	[lódər]
bouwspeelgoed (het)	lodër për ndërtim (m)	[lódər pər ndərtím]
welopgevoed (bn)	i edukuar	[i ɛdukúar]
onopgevoed (bn)	i paedukuar	[i paɛdukúar]
verwend (bn)	i llastuar	[i ɫastúar]
stout zijn (ww)	trazovaç	[trazovátʃ]
stout (bn)	mistrec	[mistréts]
stoutheid (de)	shpirtligësi (f)	[ʃpirtligəsí]
stouterd (de)	fëmijë mistrec (m)	[fəmíjə mistréts]
gehoorzaam (bn)	i bindur	[i bíndur]
ongehoorzaam (bn)	i pabindur	[i pabíndur]
braaf (bn)	i butë	[i bútə]
slim (verstandig)	i zgjuar	[i zɟúar]
wonderkind (het)	fëmijë gjeni (m)	[fəmíjə ɟɛní]

57. Gehuwde paren. Gezinsleven

kussen (een kus geven)	puth	[puθ]
elkaar kussen (ww)	puthem	[púθɛm]
gezin (het)	familje (f)	[famíljɛ]
gezins- (abn)	familjare	[familjárɛ]
paar (het)	çift (m)	[tʃíft]
huwelijk (het)	martesë (f)	[martésə]
thuis (het)	vatra (f)	[vátra]
dynastie (de)	dinasti (f)	[dinastí]
date (de)	takim (m)	[takím]
zoen (de)	puthje (f)	[púθjɛ]
liefde (de)	dashuri (f)	[daʃurí]
liefhebben (ww)	dashuroj	[daʃurój]
geliefde (bn)	i dashur	[i dáʃur]
tederheid (de)	ndjeshmëri (f)	[ndjɛʃmərí]
teder (bn)	i ndjeshëm	[i ndjéʃəm]
trouw (de)	besnikëri (f)	[bɛsnikərí]
trouw (bn)	besnik	[bɛsník]
zorg (bijv. bejaarden~)	kujdes (m)	[kujdés]
zorgzaam (bn)	i dashur	[i dáʃur]
jonggehuwden (mv.)	të porsamartuar (pl)	[tə porsamartúar]
wittebroodsweken (mv.)	muaj mjalti (m)	[múaj mjálti]
trouwen (vrouw)	martohem	[martóhɛm]
trouwen (man)	martohem	[martóhɛm]
bruiloft (de)	dasmë (f)	[dásmə]
gouden bruiloft (de)	martesë e artë (f)	[martésə ɛ ártə]
verjaardag (de)	përvjetor (m)	[pərvjɛtór]
minnaar (de)	dashnor (m)	[daʃnór]
minnares (de)	dashnore (f)	[daʃnórɛ]
overspel (het)	tradhti bashkëshortore (f)	[traðtí baʃkəʃortórɛ]
overspel plegen (ww)	tradhtoj ...	[traðtój ...]
jaloers (bn)	xheloz	[dʒɛlóz]
jaloers zijn (echtgenoot, enz.)	jam xheloz	[jam dʒɛlóz]
echtscheiding (de)	divorc (m)	[divórts]
scheiden (ww)	divorcoj	[divortsój]
ruzie hebben (ww)	grindem	[gríndɛm]
vrede sluiten (ww)	pajtohem	[pajtóhɛm]
samen (bw)	së bashku	[sə báʃku]
seks (de)	seks (m)	[sɛks]
geluk (het)	lumturi (f)	[lumturí]
gelukkig (bn)	i lumtur	[i lúmtur]
ongeluk (het)	fatkeqësi (f)	[fatkɛcəsí]
ongelukkig (bn)	i trishtuar	[i triʃtúar]

Karakter. Gevoelens. Emoties

58. Gevoelens. Emoties

gevoel (het)	ndjenjë (f)	[ndjéɲə]
gevoelens (mv.)	ndjenja (pl)	[ndjéɲa]
voelen (ww)	ndjej	[ndjéj]

honger (de)	uri (f)	[urí]
honger hebben (ww)	kam uri	[kam urí]
dorst (de)	etje (f)	[étjɛ]
dorst hebben	kam etje	[kam étjɛ]
slaperigheid (de)	përgjumësi (f)	[pəɾjuməsí]
willen slapen	përgjumje	[pəɾjúmjɛ]

moeheid (de)	lodhje (f)	[lóðjɛ]
moe (bn)	i lodhur	[i lóðuɾ]
vermoeid raken (ww)	lodhem	[lóðɛm]

stemming (de)	humor (m)	[humóɾ]
verveling (de)	mërzitje (f)	[mərzítjɛ]
zich vervelen (ww)	mërzitem	[mərzítɛm]
afzondering (de)	izolim (m)	[izolím]
zich afzonderen (ww)	izolohem	[izolóhɛm]

bezorgd maken	shqetësoj	[ʃcɛtəsój]
bezorgd zijn (ww)	shqetësohem	[ʃcɛtəsóhɛm]
zorg (bijv. geld~en)	shqetësim (m)	[ʃcɛtəsím]
ongerustheid (de)	ankth (m)	[ankθ]
ongerust (bn)	i merakosur	[i mɛrakósuɾ]
zenuwachtig zijn (ww)	nervozohem	[nɛrvozóhɛm]
in paniek raken	më zë paniku	[mə zə paníku]

hoop (de)	shpresë (f)	[ʃprésə]
hopen (ww)	shpresoj	[ʃprɛsój]

zekerheid (de)	siguri (f)	[sigurí]
zeker (bn)	i sigurt	[i sígurt]
onzekerheid (de)	pasiguri (f)	[pasigurí]
onzeker (bn)	i pasigurt	[i pasígurt]

dronken (bn)	i dehur	[i déhuɾ]
nuchter (bn)	i kthjellët	[i kθjéɫət]
zwak (bn)	i dobët	[i dóbət]
gelukkig (bn)	i lumtur	[i lúmtuɾ]
doen schrikken (ww)	tremb	[trɛmb]
toorn (de)	tërbim (m)	[tərbím]
woede (de)	inat (m)	[inát]
depressie (de)	depresion (m)	[dɛprɛsión]
ongemak (het)	parehati (f)	[parɛhatí]

gemak, comfort (het)	rehati (f)	[rɛhatí]
spijt hebben (ww)	pendohem	[pɛndóhɛm]
spijt (de)	pendim (m)	[pɛndím]
pech (de)	ters (m)	[tɛrs]
bedroefdheid (de)	trishtim (m)	[triʃtím]
schaamte (de)	turp (m)	[turp]
pret (de), plezier (het)	gëzim (m)	[gǝzím]
enthousiasme (het)	entuziazëm (m)	[ɛntuziázǝm]
enthousiasteling (de)	entuziast (m)	[ɛntuziást]
enthousiasme vertonen	tregoj entuziazëm	[trɛgój ɛntuziázǝm]

59. Karakter. Persoonlijkheid

karakter (het)	karakter (m)	[karaktér]
karakterfout (de)	dobësi karakteri (f)	[dobǝsí karaktéri]
verstand (het)	mendje (f)	[méndjɛ]
rede (de)	arsye (f)	[arsýɛ]
geweten (het)	ndërgjegje (f)	[ndǝrɟéɟɛ]
gewoonte (de)	zakon (m)	[zakón]
bekwaamheid (de)	aftësi (f)	[aftǝsí]
kunnen (bijv., ~ zwemmen)	mund	[mund]
geduldig (bn)	i duruar	[i durúar]
ongeduldig (bn)	i paduruar	[i padurúar]
nieuwsgierig (bn)	kurioz	[kurióz]
nieuwsgierigheid (de)	kuriozitet (m)	[kuriozitét]
bescheidenheid (de)	modesti (f)	[modɛstí]
bescheiden (bn)	modest	[modést]
onbescheiden (bn)	i paturpshëm	[i patúrpʃǝm]
luiheid (de)	dembeli (f)	[dɛmbɛlí]
lui (bn)	dembel	[dɛmbél]
luiwammes (de)	dembel (m)	[dɛmbél]
sluwheid (de)	dinakëri (f)	[dinakǝrí]
sluw (bn)	dinak	[dinák]
wantrouwen (het)	mosbesim (m)	[mosbɛsím]
wantrouwig (bn)	mosbesues	[mosbɛsúɛs]
gulheid (de)	zemërgjerësi (f)	[zɛmǝrɟɛrǝsí]
gul (bn)	zemërgjerë	[zɛmǝrɟérǝ]
talentrijk (bn)	i talentuar	[i talɛntúar]
talent (het)	talent (m)	[talént]
moedig (bn)	i guximshëm	[i gudzímʃǝm]
moed (de)	guxim (m)	[gudzím]
eerlijk (bn)	i ndershëm	[i ndérʃǝm]
eerlijkheid (de)	ndershmëri (f)	[ndɛrʃmǝrí]
voorzichtig (bn)	i kujdesshëm	[i kujdésʃǝm]
manhaftig (bn)	trim, guximtar	[trim], [gudzimtár]

| ernstig (bn) | serioz | [sɛrióz] |
| streng (bn) | i rreptë | [i réptə] |

resoluut (bn)	i vendosur	[i vɛndósur]
onzeker, irresoluut (bn)	i pavendosur	[i pavɛndósur]
schuchter (bn)	i turpshëm	[i túrpʃəm]
schuchterheid (de)	turp (m)	[turp]

vertrouwen (het)	besim në vetvete (m)	[bɛsím nə vɛtvétɛ]
vertrouwen (ww)	besoj	[bɛsój]
goedgelovig (bn)	i besueshëm	[i bɛsúɛʃəm]

oprecht (bw)	sinqerisht	[síncɛriʃt]
oprecht (bn)	i sinqertë	[i sincértə]
oprechtheid (de)	sinqeritet (m)	[sincɛritét]
open (bn)	i hapur	[i hápur]

rustig (bn)	i qetë	[i cétə]
openhartig (bn)	i dëlirë	[i dəlírə]
naïef (bn)	naiv	[naív]
verstrooid (bn)	i hutuar	[i hutúar]
leuk, grappig (bn)	zbavitës	[zbavítəs]

gierigheid (de)	lakmi (f)	[lakmí]
gierig (bn)	lakmues	[lakmúɛs]
inhalig (bn)	koprrac	[kopráts]
kwaad (bn)	djallëzor	[djaɫəzór]
koppig (bn)	kokëfortë	[kokəfórtə]
onaangenaam (bn)	i pakëndshëm	[i pakéndʃəm]

egoïst (de)	egoist (m)	[ɛgoíst]
egoïstisch (bn)	egoist	[ɛgoíst]
lafaard (de)	frikacak (m)	[frikatsák]
laf (bn)	frikacak	[frikatsák]

60. Slaap. Dromen

slapen (ww)	fle	[flɛ]
slaap (in ~ vallen)	gjumë (m)	[ɟúmə]
droom (de)	ëndërr (m)	[əndər]
dromen (in de slaap)	ëndërroj	[əndərój]
slaperig (bn)	përgjumshëm	[pərɟúmʃəm]

bed (het)	shtrat (m)	[ʃtrat]
matras (de)	dyshek (m)	[dyʃék]
deken (de)	mbulesë (f)	[mbulésə]
kussen (het)	jastëk (m)	[jasték]
laken (het)	çarçaf (m)	[tʃartʃáf]

slapeloosheid (de)	pagjumësi (f)	[paɟuməsí]
slapeloos (bn)	i pagjumë	[i paɟúmə]
slaapmiddel (het)	ilaç gjumi (m)	[ilátʃ ɟúmi]
slaapmiddel innemen	marr ilaç gjumi	[mar ilátʃ ɟúmi]
willen slapen	përgjumje	[pərɟúmjɛ]

geeuwen (ww)	më hapet goja	[mə hápɛt gója]
gaan slapen	shkoj të fle	[ʃkoj tə flɛ]
het bed opmaken	rregulloj shtratin	[rɛguɫój ʃtrátin]
inslapen (ww)	më zë gjumi	[mə zə ɟúmi]

nachtmerrie (de)	ankth (m)	[ankθ]
gesnurk (het)	gërhitje (f)	[gərhítjɛ]
snurken (ww)	gërhas	[gərhás]

wekker (de)	orë me zile (f)	[órə mɛ zílɛ]
wekken (ww)	zgjoj	[zɟoj]
wakker worden (ww)	zgjohem nga gjumi	[zɟóhɛm ŋa ɟúmi]
opstaan (ww)	ngrihem	[ŋríhɛm]
zich wassen (ww)	laj	[laj]

61. Humor. Gelach. Blijdschap

humor (de)	humor (m)	[humór]
gevoel (het) voor humor	sens humori (m)	[sɛns humóri]
plezier hebben (ww)	kënaqem	[kənácɛm]
vrolijk (bn)	gëzueshëm	[gəzúɛʃəm]
pret (de), plezier (het)	gëzim (m)	[gəzím]

glimlach (de)	buzëqeshje (f)	[buzəcéʃɛ]
glimlachen (ww)	buzëqesh	[buzəcéʃ]
beginnen te lachen (ww)	filloj të qesh	[fiɫój tə céʃ]
lachen (ww)	qesh	[cɛʃ]
lach (de)	qeshje (f)	[céʃɛ]

mop (de)	anekdotë (f)	[anɛkdótə]
grappig (een ~ verhaal)	për të qeshur	[pər tə céʃur]
grappig (~e clown)	zbavitës	[zbavítəs]

grappen maken (ww)	bëj shaka	[bəj ʃaká]
grap (de)	shaka (f)	[ʃaká]
blijheid (de)	gëzim (m)	[gəzím]
blij zijn (ww)	ngazëllohem	[ŋazəɫóhɛm]
blij (bn)	gazmor	[gazmór]

62. Discussie, conversatie. Deel 1

| communicatie (de) | komunikim (m) | [komunikím] |
| communiceren (ww) | komunikoj | [komunikój] |

conversatie (de)	bisedë (f)	[bisédə]
dialoog (de)	dialog (m)	[dialóg]
discussie (de)	diskutim (m)	[diskutím]
debat (het)	mosmarrëveshje (f)	[mosmarəvéʃɛ]
debatteren, twisten (ww)	kundërshtoj	[kundərʃtój]

| gesprekspartner (de) | bashkëbisedues (m) | [baʃkəbisɛdúɛs] |
| thema (het) | temë (f) | [témə] |

standpunt (het)	pikëpamje (f)	[pikəpámjɛ]
mening (de)	opinion (m)	[opinión]
toespraak (de)	fjalim (m)	[fjalím]

bespreking (de)	diskutim (m)	[diskutím]
bespreken (spreken over)	diskutoj	[diskutój]
gesprek (het)	bisedë (f)	[bisédə]
spreken (converseren)	bisedoj	[bisɛdój]
ontmoeting (de)	takim (m)	[takím]
ontmoeten (ww)	takoj	[takój]

spreekwoord (het)	fjalë e urtë (f)	[fjálə ɛ úrtə]
gezegde (het)	thënie (f)	[θə́niɛ]
raadsel (het)	gjëegjëzë (f)	[ɟəéjəzə]
een raadsel opgeven	them gjëegjëzë	[θɛm ɟəéjəzə]
wachtwoord (het)	fjalëkalim (m)	[fjaləkalím]
geheim (het)	sekret (m)	[sɛkrét]

eed (de)	betim (m)	[bɛtím]
zweren (een eed doen)	betohem	[bɛtóhɛm]
belofte (de)	premtim (m)	[prɛmtím]
beloven (ww)	premtoj	[prɛmtój]

advies (het)	këshillë (f)	[kəʃíłə]
adviseren (ww)	këshilloj	[kəʃiłój]
advies volgen (iemands ~)	ndjek këshillën	[ndjék kəʃíłən]
luisteren (gehoorzamen)	bindem ...	[bíndɛm ...]

nieuws (het)	lajme (f)	[lájmɛ]
sensatie (de)	ndjesi (f)	[ndjɛsí]
informatie (de)	informacion (m)	[informatsión]
conclusie (de)	përfundim (m)	[pərfundím]
stem (de)	zë (f)	[zə]
compliment (het)	kompliment (m)	[komplimént]
vriendelijk (bn)	i mirë	[i mírə]

woord (het)	fjalë (f)	[fjálə]
zin (de), zinsdeel (het)	frazë (f)	[frázə]
antwoord (het)	përgjigje (f)	[pərɟíɟɛ]

| waarheid (de) | e vërtetë (f) | [ɛ vərtétə] |
| leugen (de) | gënjeshtër (f) | [gəɲéʃtər] |

gedachte (de)	mendim (m)	[mɛndím]
idee (de/het)	ide (f)	[idé]
fantasie (de)	fantazi (f)	[fantazí]

63. Discussie, conversatie. Deel 2

gerespecteerd (bn)	i nderuar	[i ndɛrúar]
respecteren (ww)	nderoj	[ndɛrój]
respect (het)	nder (m)	[ndér]
Geachte ... (brief)	i dashur ...	[i dáʃur ...]
voorstellen (Mag ik jullie ~)	prezantoj	[prɛzantój]

kennismaken (met ...)	njoftoj	[ɲoftój]
intentie (de)	qëllim (m)	[cəɫím]
intentie hebben (ww)	kam ndërmend	[kam ndərménd]
wens (de)	dëshirë (f)	[dəʃírə]
wensen (ww)	dëshiroj	[dəʃirój]

verbazing (de)	surprizë (f)	[surprízə]
verbazen (verwonderen)	befasoj	[bɛfasój]
verbaasd zijn (ww)	çuditem	[tʃudítɛm]

geven (ww)	jap	[jap]
nemen (ww)	marr	[mar]
teruggeven (ww)	kthej	[kθɛj]
retourneren (ww)	rikthej	[rikθéj]

zich verontschuldigen	kërkoj falje	[kərkój fáljɛ]
verontschuldiging (de)	falje (f)	[fáljɛ]
vergeven (ww)	fal	[fal]

spreken (ww)	flas	[flas]
luisteren (ww)	dëgjoj	[dəɟój]
aanhoren (ww)	tregoj vëmendje	[trɛgój vəméndjɛ]
begrijpen (ww)	kuptoj	[kuptój]

tonen (ww)	tregoj	[trɛgój]
kijken naar ...	shikoj ...	[ʃikój ...]
roepen (vragen te komen)	thërras	[θərás]
afleiden (storen)	tërheq vëmendjen	[tərhéc vəméndjɛn]
storen (lastigvallen)	shqetësoj	[ʃcɛtəsój]
doorgeven (ww)	jap	[jap]

verzoek (het)	kërkesë (f)	[kərkésə]
verzoeken (ww)	kërkoj	[kərkój]
eis (de)	kërkesë (f)	[kərkésə]
eisen (met klem vragen)	kërkoj	[kərkój]

beledigen (beledigende namen geven)	ngacmoj	[ŋatsmój]
uitlachen (ww)	tallem	[táɫɛm]
spot (de)	tallje (f)	[tátjɛ]
bijnaam (de)	pseudonim (m)	[psɛudoním]

zinspeling (de)	nënkuptim (m)	[nənkuptím]
zinspelen (ww)	nënkuptoj	[nənkuptój]
impliceren (duiden op)	dua të them	[dúa tə θém]

beschrijving (de)	përshkrim (m)	[pərʃkrím]
beschrijven (ww)	përshkruaj	[pərʃkrúaj]
lof (de)	lëvdatë (f)	[ləvdátə]
loven (ww)	lavdëroj	[lavdərój]

teleurstelling (de)	zhgënjim (m)	[ʒgəɲím]
teleurstellen (ww)	zhgënjej	[ʒgəɲéj]
teleurgesteld zijn (ww)	zhgënjehem	[ʒgəɲéhɛm]
veronderstelling (de)	supozim (m)	[supozím]
veronderstellen (ww)	supozoj	[supozój]

waarschuwing (de)	paralajmërim (m)	[paralajmərím]
waarschuwen (ww)	paralajmëroj	[paralajmərój]

64. Discussie, conversatie. Deel 3

aanpraten (ww)	bind	[bínd]
kalmeren (kalm maken)	qetësoj	[cɛtəsój]
stilte (de)	heshtje (f)	[héʃtjɛ]
zwijgen (ww)	i heshtur	[i héʃtur]
fluisteren (ww)	pëshpëris	[pəʃpərís]
gefluister (het)	pëshpërimë (f)	[pəʃpərímə]
open, eerlijk (bw)	sinqerisht	[síncɛriʃt]
volgens mij ...	sipas mendimit tim ...	[sipás mɛndímit tim ...]
detail (het)	detaj (m)	[dɛtáj]
gedetailleerd (bn)	i detajuar	[i dɛtajúar]
gedetailleerd (bw)	hollësisht	[hołəsíʃt]
hint (de)	sugjerim (m)	[suɟɛrím]
een hint geven	aludoj	[aludój]
blik (de)	shikim (m)	[ʃikím]
een kijkje nemen	i hedh një sy	[i héð ɲə sý]
strak (een ~ke blik)	i ngurtë	[i ŋúrtə]
knipperen (ww)	hap e mbyll sytë	[hap ɛ mbýł sýtə]
knipogen (ww)	luaj syrin	[lúaj sýrin]
knikken (ww)	pohoj me kokë	[pohój mɛ kókə]
zucht (de)	psherëtimë (f)	[pʃɛrətímə]
zuchten (ww)	psherëtij	[pʃɛrətíj]
huiveren (ww)	rrëqethem	[rəcéθɛm]
gebaar (het)	gjest (m)	[ɟɛst]
aanraken (ww)	prek	[prɛk]
grijpen (ww)	kap	[kap]
een schouderklopje geven	prek	[prɛk]
Kijk uit!	Kujdes!	[kujdés!]
Echt?	Vërtet?	[vərtét?]
Bent je er zeker van?	Je i sigurt?	[jɛ i sígurt?]
Succes!	Paç fat!	[patʃ fat!]
Juist, ja!	E kuptova!	[ɛ kuptóva!]
Wat jammer!	Sa keq!	[sa kɛc!]

65. Overeenstemming. Weigering

instemming (het)	leje (f)	[léjɛ]
instemmen (akkoord gaan)	lejoj	[lɛjój]
goedkeuring (de)	miratim (m)	[miratím]
goedkeuren (ww)	miratoj	[miratój]
weigering (de)	refuzim (m)	[rɛfuzím]

weigeren (ww)	refuzoj	[rɛfuzój]
Geweldig!	Të lumtë!	[tə lúmtə!]
Goed!	Në rregull!	[nə réguɫ!]
Akkoord!	Në rregull!	[nə réguɫ!]

verboden (bn)	i ndaluar	[i ndalúar]
het is verboden	është e ndalúar	[ə́ʃtə ɛ ndalúar]
het is onmogelijk	është e pamundur	[ə́ʃtə ɛ pámundur]
onjuist (bn)	i pasaktë	[i pasáktə]

afwijzen (ww)	hedh poshtë	[hɛð póʃtə]
steunen	mbështes	[mbəʃtés]
(een goed doel, enz.)		
aanvaarden (excuses ~)	pranoj	[pranój]

bevestigen (ww)	konfirmoj	[konfirmój]
bevestiging (de)	konfirmim (m)	[konfirmím]
toestemming (de)	leje (f)	[léjɛ]
toestaan (ww)	lejoj	[lɛjój]
beslissing (de)	vendim (m)	[vɛndím]
z'n mond houden (ww)	nuk them asgjë	[nuk θɛm ásɟə]

voorwaarde (de)	kusht (m)	[kuʃt]
smoes (de)	justifikim (m)	[justifikím]
lof (de)	lëvdata (f)	[ləvdáta]
loven (ww)	lavdëroj	[lavdərój]

66. Succes. Veel geluk. Mislukking

succes (het)	sukses (m)	[suksés]
succesvol (bw)	me sukses	[mɛ suksés]
succesvol (bn)	i suksesshëm	[i suksésʃəm]

geluk (het)	fat (m)	[fat]
Succes!	Paç fat!	[patʃ fat!]
geluks- (bn)	me fat	[mɛ fat]
gelukkig (fortuinlijk)	fatlum	[fatlúm]

mislukking (de)	dështim (m)	[dəʃtím]
tegenslag (de)	fatkeqësi (f)	[fatkɛcəsí]
pech (de)	ters (m)	[tɛrs]
zonder succes (bn)	i pasuksesshëm	[i pasuksésʃəm]
catastrofe (de)	katastrofë (f)	[katastrófə]

fierheid (de)	krenari (f)	[krɛnarí]
fier (bn)	krenar	[krɛnár]
fier zijn (ww)	jam krenar	[jam krɛnár]

winnaar (de)	fitues (m)	[fitúɛs]
winnen (ww)	fitoj	[fitój]
verliezen (ww)	humb	[húmb]
poging (de)	përpjekje (f)	[pərpjékjɛ]
pogen, proberen (ww)	përpiqem	[pərpícɛm]
kans (de)	shans (m)	[ʃans]

67. Ruzies. Negatieve emoties

schreeuw (de)	britmë (f)	[brítmə]
schreeuwen (ww)	bërtas	[bərtás]
beginnen te schreeuwen	filloj të ulërij	[fiɫój tə uləríj]
ruzie (de)	grindje (f)	[gríndjɛ]
ruzie hebben (ww)	grindem	[gríndɛm]
schandaal (het)	sherr (m)	[ʃer]
schandaal maken (ww)	bëj skenë	[bəj skénə]
conflict (het)	konflikt (m)	[konflíkt]
misverstand (het)	keqkuptim (m)	[kɛckuptím]
belediging (de)	ofendim (m)	[ofɛndím]
beledigen	fyej	[fýɛj]
(met scheldwoorden)		
beledigd (bn)	i ofenduar	[i ofɛndúar]
krenking (de)	fyerje (f)	[fýɛrjɛ]
krenken (beledigen)	ofendoj	[ofɛndój]
gekwetst worden (ww)	mbrohem	[mbróhɛm]
verontwaardiging (de)	indinjatë (f)	[indiɲátə]
verontwaardigd zijn (ww)	zemërohem	[zɛməróhɛm]
klacht (de)	ankesë (f)	[ankésə]
klagen (ww)	ankohem	[ankóhɛm]
verontschuldiging (de)	falje (f)	[fáljɛ]
zich verontschuldigen	kërkoj falje	[kərkój fáljɛ]
excuus vragen	kërkoj ndjesë	[kərkój ndjésə]
kritiek (de)	kritikë (f)	[kritíkə]
bekritiseren (ww)	kritikoj	[kritikój]
beschuldiging (de)	akuzë (f)	[akúzə]
beschuldigen (ww)	akuzoj	[akuzój]
wraak (de)	hakmarrje (f)	[hakmárjɛ]
wreken (ww)	hakmerrem	[hakmérɛm]
wraak nemen (ww)	shpaguaj	[ʃpagúaj]
minachting (de)	përbuzje (f)	[pərbúzjɛ]
minachten (ww)	përbuz	[pərbúz]
haat (de)	urrejtje (f)	[uréjtjɛ]
haten (ww)	urrej	[uréj]
zenuwachtig (bn)	nervoz	[nɛrvóz]
zenuwachtig zijn (ww)	nervozohem	[nɛrvozóhɛm]
boos (bn)	i zemëruar	[i zɛmərúar]
boos maken (ww)	zemëroj	[zɛmərój]
vernedering (de)	poshtërim (m)	[poʃtərím]
vernederen (ww)	poshtëroj	[poʃtərój]
zich vernederen (ww)	poshtërohem	[poʃtəróhɛm]
schok (de)	tronditje (f)	[trondítjɛ]
schokken (ww)	trondit	[trondít]

onaangenaamheid (de)	shqetësim (m)	[ʃcɛtəsím]
onaangenaam (bn)	i pakëndshëm	[i pakéndʃəm]
vrees (de)	frikë (f)	[fríkə]
vreselijk (bijv. ~ onweer)	i tmerrshëm	[i tmérʃəm]
eng (bn)	i frikshëm	[i fríkʃəm]
gruwel (de)	horror (m)	[horór]
vreselijk (~ nieuws)	i tmerrshëm	[i tmérʃəm]
beginnen te beven	filloj të dridhem	[fiɫój tə dríðɛm]
huilen (wenen)	qaj	[caj]
beginnen te huilen (wenen)	filloj të qaj	[fiɫój tə cáj]
traan (de)	lot (m)	[lot]
schuld (~ geven aan)	faj (m)	[faj]
schuldgevoel (het)	faj (m)	[faj]
schande (de)	turp (m)	[turp]
protest (het)	protestë (f)	[protéstə]
stress (de)	stres (m)	[strɛs]
storen (lastigvallen)	shqetësoj	[ʃcɛtəsój]
kwaad zijn (ww)	tërbohem	[tərbóhɛm]
kwaad (bn)	i inatosur	[i inatósur]
beëindigen (een relatie ~)	përfundoj	[pərfundój]
vloeken (ww)	betohem	[bɛtóhɛm]
schrikken (schrik krijgen)	tremb	[trɛmb]
slaan (iemand ~)	qëlloj	[cəɫój]
vechten (ww)	grindem	[gríndɛm]
regelen (conflict)	zgjidh	[zɟið]
ontevreden (bn)	i pakënaqur	[i pakənácur]
woedend (bn)	i xhindosur	[i dʒindósur]
Dat is niet goed!	Nuk është mirë!	[nuk éʃtə mírə!]
Dat is slecht!	Është keq!	[éʃtə kɛc!]

Geneeskunde

68. Ziekten

ziekte (de)	sëmundje (f)	[səmúndjɛ]
ziek zijn (ww)	jam sëmurë	[jam səmúrə]
gezondheid (de)	shëndet (m)	[ʃəndét]
snotneus (de)	rrifë (f)	[rífə]
angina (de)	grykët (m)	[grýkət]
verkoudheid (de)	ftohje (f)	[ftóhjɛ]
verkouden raken (ww)	ftohem	[ftóhɛm]
bronchitis (de)	bronkit (m)	[bronkít]
longontsteking (de)	pneumoni (f)	[pnɛumoní]
griep (de)	grip (m)	[grip]
bijziend (bn)	miop	[mióp]
verziend (bn)	presbit	[prɛsbít]
scheelheid (de)	strabizëm (m)	[strabízəm]
scheel (bn)	strabik	[strabík]
grauwe staar (de)	katarakt (m)	[katarákt]
glaucoom (het)	glaukoma (f)	[glaukóma]
beroerte (de)	goditje (f)	[godítjɛ]
hartinfarct (het)	sulm në zemër (m)	[sulm nə zémər]
myocardiaal infarct (het)	infarkt miokardiak (m)	[infárkt miokardiák]
verlamming (de)	paralizë (f)	[paralízə]
verlammen (ww)	paralizoj	[paralizój]
allergie (de)	alergji (f)	[alɛrɟí]
astma (de/het)	astmë (f)	[ástmə]
diabetes (de)	diabet (m)	[diabét]
tandpijn (de)	dhimbje dhëmbi (f)	[ðímbjɛ ðə́mbi]
tandbederf (het)	karies (m)	[kariés]
diarree (de)	diarre (f)	[diaré]
constipatie (de)	kapsllëk (m)	[kapsɬə́k]
maagstoornis (de)	dispepsi (f)	[dispɛpsí]
voedselvergiftiging (de)	helmim (m)	[hɛlmím]
voedselvergiftiging oplopen	helmohem nga ushqimi	[hɛlmóhɛm ŋa uʃcími]
artritis (de)	artrit (m)	[artrít]
rachitis (de)	rakit (m)	[rakít]
reuma (het)	reumatizëm (m)	[rɛumatízəm]
arteriosclerose (de)	arteriosklerozë (f)	[artɛriosklɛrózə]
gastritis (de)	gastrit (m)	[gastrít]
blindedarmontsteking (de)	apendicit (m)	[apɛnditsít]

| galblaasontsteking (de) | kolecistit (m) | [kolɛtsistít] |
| zweer (de) | ulcerë (f) | [ultsérə] |

mazelen (mv.)	fruth (m)	[fruθ]
rodehond (de)	rubeola (f)	[rubɛóla]
geelzucht (de)	verdhëza (f)	[vérðəza]
leverontsteking (de)	hepatit (m)	[hɛpatít]

schizofrenie (de)	skizofreni (f)	[skizofrɛní]
dolheid (de)	sëmundje e tërbimit (f)	[səmúndjɛ ɛ tərbímit]
neurose (de)	neurozë (f)	[nɛurózə]
hersenschudding (de)	tronditje (f)	[trondítjɛ]

kanker (de)	kancer (m)	[kantsér]
sclerose (de)	sklerozë (f)	[sklɛrózə]
multiple sclerose (de)	sklerozë e shumëfishtë (f)	[sklɛrózə ɛ ʃuməfíʃtə]

alcoholisme (het)	alkoolizëm (m)	[alkoolízəm]
alcoholicus (de)	alkoolik (m)	[alkoolík]
syfilis (de)	sifiliz (m)	[sifilíz]
AIDS (de)	SIDA (f)	[sída]

tumor (de)	tumor (m)	[tumór]
kwaadaardig (bn)	malinj	[malíɲ]
goedaardig (bn)	beninj	[bɛníɲ]

koorts (de)	ethe (f)	[éθɛ]
malaria (de)	malarie (f)	[malaríɛ]
gangreen (het)	gangrenë (f)	[gaɲrénə]
zeeziekte (de)	sëmundje deti (f)	[səmúndjɛ déti]
epilepsie (de)	epilepsi (f)	[ɛpilɛpsí]

epidemie (de)	epidemi (f)	[ɛpidɛmí]
tyfus (de)	tifo (f)	[tífo]
tuberculose (de)	tuberkuloz (f)	[tubɛrkulóz]
cholera (de)	kolerë (f)	[kolérə]
pest (de)	murtaja (f)	[murtája]

69. Symptomen. Behandelingen. Deel 1

symptoom (het)	simptomë (f)	[simptómə]
temperatuur (de)	temperaturë (f)	[tɛmpɛratúrə]
verhoogde temperatuur (de)	temperaturë e lartë (f)	[tɛmpɛratúrə ɛ lártə]
polsslag (de)	puls (m)	[puls]

duizeling (de)	marrje mendsh (m)	[márjɛ méndʃ]
heet (erg warm)	i nxehtë	[i ndzéhtə]
koude rillingen (mv.)	drithërima (f)	[driθəríma]
bleek (bn)	i zbehur	[i zbéhur]

hoest (de)	kollë (f)	[kóɫə]
hoesten (ww)	kollitem	[koɫítɛm]
niezen (ww)	teshtij	[tɛʃtíj]
flauwte (de)	të fikët (f)	[tə fíkət]

flauwvallen (ww)	bie të fikët	[bíɛ tə fíkət]
blauwe plek (de)	mavijosje (f)	[mavijósjɛ]
buil (de)	gungë (f)	[gúŋə]
zich stoten (ww)	godas	[godás]
kneuzing (de)	lëndim (m)	[ləndím]
kneuzen (gekneusd zijn)	lëndohem	[ləndóhɛm]

hinken (ww)	çaloj	[tʃalój]
verstuiking (de)	dislokim (m)	[dislokím]
verstuiken (enkel, enz.)	del nga vendi	[dɛl ŋa véndi]
breuk (de)	thyerje (f)	[θýɛrjɛ]
een breuk oplopen	thyej	[θýɛj]

snijwond (de)	e prerë (f)	[ɛ prérə]
zich snijden (ww)	pres veten	[prɛs vétɛn]
bloeding (de)	rrjedhje gjaku (f)	[rjéðjɛ ɟáku]

brandwond (de)	djegie (f)	[djégiɛ]
zich branden (ww)	digjem	[díɟɛm]

prikken (ww)	shpoj	[ʃpoj]
zich prikken (ww)	shpohem	[ʃpóhɛm]
blesseren (ww)	dëmtoj	[dəmtój]
blessure (letsel)	dëmtim (m)	[dəmtím]
wond (de)	plagë (f)	[plágə]
trauma (het)	traumë (f)	[traúmə]

ijlen (ww)	fol përçart	[fól pərtʃárt]
stotteren (ww)	belbëzoj	[bɛlbəzój]
zonnesteek (de)	pikë e diellit (f)	[píkə ɛ diéɬit]

70. Symptomen. Behandelingen. Deel 2

pijn (de)	dhimbje (f)	[ðímbjɛ]
splinter (de)	cifël (f)	[tsífəl]

zweet (het)	djersë (f)	[djérsə]
zweten (ww)	djersij	[djɛrsíj]
braking (de)	të vjella (f)	[tə vjéɬa]
stuiptrekkingen (mv.)	konvulsione (f)	[konvulsiónɛ]

zwanger (bn)	shtatzënë	[ʃtatzénə]
geboren worden (ww)	lind	[lind]
geboorte (de)	lindje (f)	[líndjɛ]
baren (ww)	sjell në jetë	[sjɛɬ nə jétə]
abortus (de)	abort (m)	[abórt]

ademhaling (de)	frymëmarrje (f)	[fryməmárjɛ]
inademing (de)	mbajtje e frymës (f)	[mbájtjɛ ɛ frýməs]
uitademing (de)	lëshim i frymës (m)	[ləʃím i frýməs]
uitademen (ww)	nxjerr frymën	[ndzjér frýmən]
inademen (ww)	marr frymë	[mar frýmə]
invalide (de)	invalid (m)	[invalíd]
gehandicapte (de)	i gjymtuar (m)	[i ɟymtúar]

drugsverslaafde (de)	narkoman (m)	[narkomán]
doof (bn)	shurdh	[ʃurð]
stom (bn)	memec	[mɛméts]
doofstom (bn)	shurdh-memec	[ʃurð-mɛméts]

krankzinnig (bn)	i marrë	[i márə]
krankzinnige (man)	i çmendur (m)	[i tʃméndur]
krankzinnige (vrouw)	e çmendur (f)	[ɛ tʃméndur]
krankzinnig worden	çmendem	[tʃméndɛm]

gen (het)	gen (m)	[gɛn]
immuniteit (de)	imunitet (m)	[imunitét]
erfelijk (bn)	e trashëguar	[ɛ traʃəgúar]
aangeboren (bn)	e lindur	[ɛ líndur]

virus (het)	virus (m)	[virús]
microbe (de)	mikrob (m)	[mikrób]
bacterie (de)	bakterie (f)	[baktériɛ]
infectie (de)	infeksion (m)	[infɛksión]

71. Symptomen. Behandelingen. Deel 3

ziekenhuis (het)	spital (m)	[spitál]
patiënt (de)	pacient (m)	[patsiént]

diagnose (de)	diagnozë (f)	[diagnózə]
genezing (de)	kurë (f)	[kúrə]
medische behandeling (de)	trajtim mjekësor (m)	[trajtím mjɛkəsór]
onder behandeling zijn	kurohem	[kuróhɛm]
behandelen (ww)	kuroj	[kurój]
zorgen (zieken ~)	kujdesem	[kujdésɛm]
ziekenzorg (de)	kujdes (m)	[kujdés]

operatie (de)	operacion (m)	[opɛratsión]
verbinden (een arm ~)	fashoj	[faʃój]
verband (het)	fashim (m)	[faʃím]

vaccin (het)	vaksinim (m)	[vaksiním]
inenten (vaccineren)	vaksinoj	[vaksinój]
injectie (de)	injeksion (m)	[iɲɛksión]
een injectie geven	bëj injeksion	[bəj iɲɛksíon]

aanval (de)	atak (m)	[aták]
amputatie (de)	amputim (m)	[amputím]
amputeren (ww)	amputoj	[amputój]
coma (het)	komë (f)	[kómə]
in coma liggen	jam në komë	[jam nə kómə]
intensieve zorg, ICU (de)	kujdes intensiv (m)	[kujdés intɛnsív]

zich herstellen (ww)	shërohem	[ʃəróhɛm]
toestand (de)	gjendje (f)	[ɟéndjɛ]
bewustzijn (het)	vetëdije (f)	[vɛtədíjɛ]
geheugen (het)	kujtesë (f)	[kujtésə]
trekken (een kies ~)	heq	[hɛc]

| vulling (de) | mbushje (f) | [mbúʃjɛ] |
| vullen (ww) | mbush | [mbúʃ] |

| hypnose (de) | hipnozë (f) | [hipnózə] |
| hypnotiseren (ww) | hipnotizim | [hipnotizím] |

72. Artsen

dokter, arts (de)	mjek (m)	[mjék]
ziekenzuster (de)	infermiere (f)	[infɛrmiérɛ]
lijfarts (de)	mjek personal (m)	[mjék pɛrsonál]

tandarts (de)	dentist (m)	[dɛntíst]
oogarts (de)	okulist (m)	[okulíst]
therapeut (de)	mjek i përgjithshëm (m)	[mjék i pərɟíθʃəm]
chirurg (de)	kirurg (m)	[kirúrg]

psychiater (de)	psikiatër (m)	[psikiátər]
pediater (de)	pediatër (m)	[pɛdiátər]
psycholoog (de)	psikolog (m)	[psikológ]
gynaecoloog (de)	gjinekolog (m)	[ɟinɛkológ]
cardioloog (de)	kardiolog (m)	[kardiológ]

73. Geneeskunde. Medicijnen. Accessoires

geneesmiddel (het)	ilaç (m)	[ilátʃ]
middel (het)	mjekim (m)	[mjɛkím]
voorschrijven (ww)	shkruaj recetë	[ʃkrúaj rɛtsétə]
recept (het)	recetë (f)	[rɛtsétə]

tablet (de/het)	pilulë (f)	[pilúlə]
zalf (de)	krem (m)	[krɛm]
ampul (de)	ampulë (f)	[ampúlə]
drank (de)	përzierje (f)	[pərzíɛrjɛ]
siroop (de)	shurup (m)	[ʃurúp]
pil (de)	pilulë (f)	[pilúlə]
poeder (de/het)	pudër (f)	[púdər]

verband (het)	fashë garze (f)	[faʃə gárzɛ]
watten (mv.)	pambuk (m)	[pambúk]
jodium (het)	jod (m)	[jod]

pleister (de)	leukoplast (m)	[lɛukoplást]
pipet (de)	pikatore (f)	[pikatórɛ]
thermometer (de)	termometër (m)	[tɛrmométər]
spuit (de)	shiringë (f)	[ʃiríŋə]

| rolstoel (de) | karrocë me rrota (f) | [karótsə mɛ róta] |
| krukken (mv.) | paterica (f) | [patɛrítsa] |

| pijnstiller (de) | qetësues (m) | [cɛtəsúɛs] |
| laxeermiddel (het) | laksativ (m) | [laksatív] |

spiritus (de)	alkool dezinfektues (m)	[alkoól dɛzinfɛktúɛs]
medicinale kruiden (mv.)	bimë mjekësore (f)	[bímǝ mjɛkǝsórɛ]
kruiden- (abn)	çaj bimor	[tʃáj bimór]

74. Roken. Tabaksproducten

tabak (de)	duhan (m)	[duhán]
sigaret (de)	cigare (f)	[tsigárɛ]
sigaar (de)	puro (f)	[púro]
pijp (de)	llullë (f)	[tútǝ]
pakje (~ sigaretten)	pako cigaresh (m)	[páko tsigárɛʃ]

lucifers (mv.)	shkrepëse (pl)	[ʃkrépǝsɛ]
luciferdoosje (het)	kuti shkrepësesh (f)	[kutí ʃkrépǝsɛʃ]
aansteker (de)	çakmak (m)	[tʃakmák]
asbak (de)	taketuke (f)	[takɛtúkɛ]
sigarettendoosje (het)	kuti cigaresh (f)	[kutí tsigárɛʃ]

| sigarettenpijpje (het) | cigarishte (f) | [tsigaríʃtɛ] |
| filter (de/het) | filtër (m) | [fíltǝr] |

roken (ww)	pi duhan	[pi duhán]
een sigaret opsteken	ndez një cigare	[ndɛz ɲǝ tsigárɛ]
roken (het)	pirja e duhanit (f)	[pírja ɛ duhánit]
roker (de)	duhanpirës (m)	[duhanpírǝs]

peuk (de)	bishti i cigares (m)	[bíʃti i tsigárɛs]
rook (de)	tym (m)	[tym]
as (de)	hi (m)	[hi]

HET MENSELIJKE LEEFGEBIED

Stad

75. Stad. Het leven in de stad

stad (de)	qytet (m)	[cytét]
hoofdstad (de)	kryeqytet (m)	[kryɛcytét]
dorp (het)	fshat (m)	[fʃát]
plattegrond (de)	hartë e qytetit (f)	[hártə ɛ cytétit]
centrum (ov. een stad)	qendër e qytetit (f)	[céndər ɛ cytétit]
voorstad (de)	periferi (f)	[pɛrifɛrí]
voorstads- (abn)	periferik	[pɛrifɛrík]
randgemeente (de)	periferia (f)	[pɛrifɛría]
omgeving (de)	periferia (f)	[pɛrifɛría]
blok (huizenblok)	bllok pallatesh (m)	[bɫók paɫátɛʃ]
woonwijk (de)	bllok banimi (m)	[bɫók baními]
verkeer (het)	trafik (m)	[trafík]
verkeerslicht (het)	semafor (m)	[sɛmafór]
openbaar vervoer (het)	transport publik (m)	[transpórt publík]
kruispunt (het)	kryqëzim (m)	[krycəzím]
zebrapad (oversteekplaats)	kalim për këmbësorë (m)	[kalím pər kəmbəsórə]
onderdoorgang (de)	nënkalim për këmbësorë (m)	[nənkalím pər kəmbəsórə]
oversteken (de straat ~)	kapërcej	[kapərtséj]
voetganger (de)	këmbësor (m)	[kəmbəsór]
trottoir (het)	trotuar (m)	[trotuár]
brug (de)	urë (f)	[úrə]
dijk (de)	breg lumi (m)	[brɛg lúmi]
fontein (de)	shatërvan (m)	[ʃatərván]
allee (de)	rrugëz (m)	[rúgəz]
park (het)	park (m)	[park]
boulevard (de)	bulevard (m)	[bulɛvárd]
plein (het)	shesh (m)	[ʃɛʃ]
laan (de)	bulevard (m)	[bulɛvárd]
straat (de)	rrugë (f)	[rúgə]
zijstraat (de)	rrugë dytësore (f)	[rúgə dytəsórɛ]
doodlopende straat (de)	rrugë pa krye (f)	[rúgə pa krýɛ]
huis (het)	shtëpi (f)	[ʃtəpí]
gebouw (het)	ndërtesë (f)	[ndərtésə]
wolkenkrabber (de)	qiellgërvishtës (m)	[ciɛɫgərvíʃtəs]
gevel (de)	fasadë (f)	[fasádə]
dak (het)	çati (f)	[tʃatí]

venster (het)	dritare (f)	[dritárɛ]
boog (de)	hark (m)	[hárk]
pilaar (de)	kolonë (f)	[kolónə]
hoek (ov. een gebouw)	kënd (m)	[kə́nd]

vitrine (de)	vitrinë (f)	[vitrínə]
gevelreclame (de)	tabelë (f)	[tabélə]
affiche (de/het)	poster (m)	[postér]
reclameposter (de)	afishe reklamuese (f)	[afíʃɛ rɛklamúɛsɛ]
aanplakbord (het)	tabelë reklamash (f)	[tabélə rɛklámaʃ]

vuilnis (de/het)	plehra (f)	[pléhra]
vuilnisbak (de)	kosh plehrash (m)	[koʃ pléhraʃ]
afval weggooien (ww)	hedh mbeturina	[hɛð mbɛturína]
stortplaats (de)	deponi plehrash (f)	[dɛponí pléhraʃ]

telefooncel (de)	kabinë telefonike (f)	[kabínə tɛlɛfoníkɛ]
straatlicht (het)	shtyllë dritash (f)	[ʃtýłə drítaʃ]
bank (de)	stol (m)	[stol]

politieagent (de)	polic (m)	[políts]
politie (de)	polici (f)	[politsí]
zwerver (de)	lypës (m)	[lýpəs]
dakloze (de)	i pastrehë (m)	[i pastréhə]

76. Stedelijke instellingen

winkel (de)	dyqan (m)	[dycán]
apotheek (de)	farmaci (f)	[farmatsí]
optiek (de)	optikë (f)	[optíkə]
winkelcentrum (het)	qendër tregtare (f)	[cə́ndər trɛgtárɛ]
supermarkt (de)	supermarket (m)	[supɛrmarkét]

bakkerij (de)	furrë (f)	[fúrə]
bakker (de)	furrtar (m)	[furtár]
banketbakkerij (de)	pastiçeri (f)	[pastitʃɛrí]
kruidenier (de)	dyqan ushqimor (m)	[dycán uʃcimór]
slagerij (de)	dyqan mishi (m)	[dycán míʃi]

| groentewinkel (de) | dyqan fruta-perimesh (m) | [dycán frúta-pɛrímɛʃ] |
| markt (de) | treg (m) | [trɛg] |

koffiehuis (het)	kafene (f)	[kafɛné]
restaurant (het)	restorant (m)	[rɛstoránt]
bar (de)	pab (m), pijetore (f)	[pab], [pijɛtórɛ]
pizzeria (de)	piceri (f)	[pitsɛrí]

kapperssalon (de/het)	parukeri (f)	[parukɛrí]
postkantoor (het)	zyrë postare (f)	[zýrə postárɛ]
stomerij (de)	pastrim kimik (m)	[pastrím kimík]
fotostudio (de)	studio fotografike (f)	[stúdio fotografíkɛ]

| schoenwinkel (de) | dyqan këpucësh (m) | [dycán kəpútsəʃ] |
| boekhandel (de) | librari (f) | [librarí] |

sportwinkel (de)	dyqan me mallra sportivë (m)	[dycán mɛ máłra sportívə]
kledingreparatie (de)	rrobaqepësi (f)	[robacɛpəsí]
kledingverhuur (de)	dyqan veshjesh me qira (m)	[dycán véʃjɛʃ mɛ cirá]
videotheek (de)	dyqan videosh me qira (m)	[dycán vídɛoʃ mɛ cirá]

circus (de/het)	cirk (m)	[tsírk]
dierentuin (de)	kopsht zoologjik (m)	[kópʃt zooloɟík]
bioscoop (de)	kinema (f)	[kinɛmá]
museum (het)	muze (m)	[muzé]
bibliotheek (de)	bibliotekë (f)	[bibliotékə]

theater (het)	teatër (m)	[tɛátər]
opera (de)	opera (f)	[opéra]
nachtclub (de)	klub nate (m)	[klúb nátɛ]
casino (het)	kazino (f)	[kazíno]

moskee (de)	xhami (f)	[dʒamí]
synagoge (de)	sinagogë (f)	[sinagógə]
kathedraal (de)	katedrale (f)	[katɛdrálɛ]
tempel (de)	tempull (m)	[témpuł]
kerk (de)	kishë (f)	[kíʃə]

instituut (het)	kolegj (m)	[koléɟ]
universiteit (de)	universitet (m)	[univɛrsitét]
school (de)	shkollë (f)	[ʃkółə]

gemeentehuis (het)	prefekturë (f)	[prɛfɛktúrə]
stadhuis (het)	bashki (f)	[baʃkí]
hotel (het)	hotel (m)	[hotél]
bank (de)	bankë (f)	[bánkə]

ambassade (de)	ambasadë (f)	[ambasádə]
reisbureau (het)	agjenci udhëtimesh (f)	[aɟɛntsí uðətímɛʃ]
informatieloket (het)	zyrë informacioni (f)	[zýrə informatsióni]
wisselkantoor (het)	këmbim valutor (m)	[kəmbím valutór]

metro (de)	metro (f)	[mɛtró]
ziekenhuis (het)	spital (m)	[spitál]

benzinestation (het)	pikë karburanti (f)	[píkə karburánti]
parking (de)	parking (m)	[parkíŋ]

77. Stedelijk vervoer

bus, autobus (de)	autobus (m)	[autobús]
tram (de)	tramvaj (m)	[tramvváj]
trolleybus (de)	autobus tramvaj (m)	[autobús tramváj]
route (de)	itinerar (m)	[itinɛrár]
nummer (busnummer, enz.)	numër (m)	[númər]

rijden met ...	udhëtoj me ...	[uðətój mɛ ...]
stappen (in de bus ~)	hip	[hip]
afstappen (ww)	zbres ...	[zbrɛs ...]

halte (de)	stacion (m)	[statsión]
volgende halte (de)	stacioni tjetër (m)	[statsióni tjétər]
eindpunt (het)	terminal (m)	[tɛrminál]
dienstregeling (de)	orar (m)	[orár]
wachten (ww)	pres	[prɛs]

| kaartje (het) | biletë (f) | [bilétə] |
| reiskosten (de) | çmim bilete (m) | [tʃmím bilétɛ] |

kassier (de)	shitës biletash (m)	[ʃítəs bilétaʃ]
kaartcontrole (de)	kontroll biletash (m)	[kontróɫ bilétaʃ]
controleur (de)	kontrollues biletash (m)	[kontroɫúɛs bilétaʃ]

te laat zijn (ww)	vonohem	[vonóhɛm]
missen (de bus ~)	humbas	[humbás]
zich haasten (ww)	nxitoj	[ndzitój]

taxi (de)	taksi (m)	[táksi]
taxichauffeur (de)	shofer taksie (m)	[ʃofér taksíɛ]
met de taxi (bw)	me taksi	[mɛ táksi]
taxistandplaats (de)	stacion taksish (m)	[statsión táksiʃ]
een taxi bestellen	thërras taksi	[θərás táksi]
een taxi nemen	marr taksi	[mar táksi]

verkeer (het)	trafik (m)	[trafík]
file (de)	bllokim trafiku (m)	[bɫokím trafíku]
spitsuur (het)	orë e trafikut të rëndë (f)	[órə ɛ trafíkut tə rəndə]
parkeren (on.ww.)	parkoj	[parkój]
parkeren (ov.ww.)	parkim	[parkím]
parking (de)	parking (m)	[parkíŋ]

metro (de)	metro (f)	[mɛtró]
halte (bijv. kleine treinhalte)	stacion (m)	[statsión]
de metro nemen	shkoj me metro	[ʃkoj mɛ métro]
trein (de)	tren (m)	[trɛn]
station (treinstation)	stacion treni (m)	[statsión tréni]

78. Bezienswaardigheden

monument (het)	monument (m)	[monumént]
vesting (de)	kala (f)	[kalá]
paleis (het)	pallat (m)	[paɫát]
kasteel (het)	kështjellë (f)	[kəʃtjéɫə]
toren (de)	kullë (f)	[kúɫə]
mausoleum (het)	mauzoleum (m)	[mauzolɛúm]

architectuur (de)	arkitekturë (f)	[arkitɛktúrə]
middeleeuws (bn)	mesjetare	[mɛsjɛtárɛ]
oud (bn)	e lashtë	[ɛ láʃtə]
nationaal (bn)	kombëtare	[kombətárɛ]
bekend (bn)	i famshëm	[i fámʃəm]

| toerist (de) | turist (m) | [turíst] |
| gids (de) | udhërrëfyes (m) | [uðərəfýɛs] |

rondleiding (de)	ekskursion (m)	[ɛkskursión]
tonen (ww)	tregoj	[trɛgój]
vertellen (ww)	dëftoj	[dəftój]

vinden (ww)	gjej	[ɟéj]
verdwalen (de weg kwijt zijn)	humbas	[humbás]
plattegrond (~ van de metro)	hartë (f)	[hártə]
plattegrond (~ van de stad)	hartë (f)	[hártə]

souvenir (het)	suvenir (m)	[suvɛnír]
souvenirwinkel (de)	dyqan dhuratash (m)	[dycán ðurátaʃ]
foto's maken	bëj foto	[bəj fóto]
zich laten fotograferen	bëj fotografi	[bəj fotografí]

79. Winkelen

kopen (ww)	blej	[blɛj]
aankoop (de)	blerje (f)	[blérjɛ]
winkelen (ww)	shkoj për pazar	[ʃkoj pər pazár]
winkelen (het)	pazar (m)	[pazár]

| open zijn
(ov. een winkel, enz.) | hapur | [hápur] |
| gesloten zijn (ww) | mbyllur | [mbýɫur] |

schoeisel (het)	këpucë (f)	[kəpútsə]
kleren (mv.)	veshje (f)	[véʃjɛ]
cosmetica (mv.)	kozmetikë (f)	[kozmɛtíkə]
voedingswaren (mv.)	mallra ushqimore (f)	[máɫra uʃcimórɛ]
geschenk (het)	dhuratë (f)	[ðurátə]

| verkoper (de) | shitës (m) | [ʃítəs] |
| verkoopster (de) | shitëse (f) | [ʃítəsɛ] |

kassa (de)	arkë (f)	[árkə]
spiegel (de)	pasqyrë (f)	[pascýrə]
toonbank (de)	banak (m)	[bának]
paskamer (de)	dhomë prove (f)	[ðómə próvɛ]

aanpassen (ww)	provoj	[provój]
passen (ov. kleren)	më rri mirë	[mə ri mírə]
bevallen (prettig vinden)	pëlqej	[pəlcéj]

prijs (de)	çmim (m)	[tʃmím]
prijskaartje (het)	etiketa e çmimit (f)	[ɛtikéta ɛ tʃmímit]
kosten (ww)	kushton	[kuʃtón]
Hoeveel?	Sa?	[sa?]
korting (de)	ulje (f)	[úljɛ]

niet duur (bn)	jo e shtrenjtë	[jo ɛ ʃtréɲtə]
goedkoop (bn)	e lirë	[ɛ lírə]
duur (bn)	i shtrenjtë	[i ʃtréɲtə]
Dat is duur.	Është e shtrenjtë	[əʃtə ɛ ʃtréɲtə]
verhuur (de)	qiramarrje (f)	[ciramárjɛ]

huren (smoking, enz.)	marr me qira	[mar mɛ cirá]
krediet (het)	kredit (m)	[krɛdít]
op krediet (bw)	me kredi	[mɛ krɛdí]

80. Geld

geld (het)	para (f)	[pará]
ruil (de)	këmbim valutor (m)	[kəmbím valutór]
koers (de)	kurs këmbimi (m)	[kurs kəmbími]
geldautomaat (de)	bankomat (m)	[bankomát]
muntstuk (de)	monedhë (f)	[monéðə]

| dollar (de) | dollar (m) | [dołár] |
| euro (de) | euro (f) | [éuro] |

lire (de)	lirë (f)	[lírə]
Duitse mark (de)	Marka gjermane (f)	[márka ɟɛrmánɛ]
frank (de)	franga (f)	[fráŋa]
pond sterling (het)	sterlina angleze (f)	[stɛrlína aŋlézɛ]
yen (de)	jen (m)	[jén]

schuld (geldbedrag)	borxh (m)	[bórdʒ]
schuldenaar (de)	debitor (m)	[dɛbitór]
uitlenen (ww)	jap hua	[jap huá]
lenen (geld ~)	marr hua	[mar huá]

bank (de)	bankë (f)	[bánkə]
bankrekening (de)	llogari (f)	[łogarí]
storten (ww)	depozitoj	[dɛpozitój]
op rekening storten	depozitoj në llogari	[dɛpozitój nə łogarí]
opnemen (ww)	tërheq	[tərhéc]

kredietkaart (de)	kartë krediti (f)	[kártə krɛdíti]
baar geld (het)	kesh (m)	[kɛʃ]
cheque (de)	çek (m)	[tʃɛk]
een cheque uitschrijven	lëshoj një çek	[ləʃój ɲə tʃék]
chequeboekje (het)	bllok çeqesh (m)	[błók tʃécɛʃ]

portefeuille (de)	portofol (m)	[portofól]
geldbeugel (de)	kuletë (f)	[kulétə]
safe (de)	kasafortë (f)	[kasafórtə]

erfgenaam (de)	trashëgimtar (m)	[traʃəgimtár]
erfenis (de)	trashëgimi (f)	[traʃəgimí]
fortuin (het)	pasuri (f)	[pasurí]

huur (de)	qira (f)	[cirá]
huurprijs (de)	qiraja (f)	[cirája]
huren (huis, kamer)	marr me qira	[mar mɛ cirá]

prijs (de)	çmim (m)	[tʃmím]
kostprijs (de)	kosto (f)	[kósto]
som (de)	shumë (f)	[ʃúmə]
uitgeven (geld besteden)	shpenzoj	[ʃpɛnzój]

kosten (mv.)	shpenzime (f)	[ʃpɛnzímɛ]
bezuinigen (ww)	kursej	[kurséj]
zuinig (bn)	ekonomik	[ɛkonomík]

betalen (ww)	paguaj	[pagúaj]
betaling (de)	pagesë (f)	[pagésə]
wisselgeld (het)	kusur (m)	[kusúr]

belasting (de)	taksë (f)	[táksə]
boete (de)	gjobë (f)	[ɟóbə]
beboeten (bekeuren)	vendos gjobë	[vɛndós ɟóbə]

81. Post. Postkantoor

postkantoor (het)	zyrë postare (f)	[zýrə postárɛ]
post (de)	postë (f)	[póstə]
postbode (de)	postier (m)	[postiér]
openingsuren (mv.)	orari i punës (m)	[orári i púnəs]

brief (de)	letër (f)	[létər]
aangetekende brief (de)	letër rekomande (f)	[létər rɛkomándɛ]
briefkaart (de)	kartolinë (f)	[kartolínə]
telegram (het)	telegram (m)	[tɛlɛgrám]
postpakket (het)	pako (f)	[páko]
overschrijving (de)	transfer parash (m)	[transfér paráʃ]

ontvangen (ww)	pranoj	[pranój]
sturen (zenden)	dërgoj	[dərgój]
verzending (de)	dërgesë (f)	[dərgésə]

adres (het)	adresë (f)	[adrésə]
postcode (de)	kodi postar (m)	[kódi postár]
verzender (de)	dërguesi (m)	[dərgúɛsi]
ontvanger (de)	pranues (m)	[pranúɛs]

| naam (de) | emër (m) | [émər] |
| achternaam (de) | mbiemër (m) | [mbiémər] |

tarief (het)	tarifë postare (f)	[tarífə postárɛ]
standaard (bn)	standard	[standárd]
zuinig (bn)	ekonomike	[ɛkonomíkɛ]

gewicht (het)	peshë (f)	[péʃə]
afwegen (op de weegschaal)	peshoj	[pɛʃój]
envelop (de)	zarf	[zarf]
postzegel (de)	pullë postare (f)	[púɫə postárɛ]
een postzegel plakken op	vendos pullën postare	[vɛndós púɫən postárɛ]

Woning. Huis. Thuis

82. Huis. Woning

huis (het)	shtëpi (f)	[ʃtəpí]
thuis (bw)	në shtëpi	[nə ʃtəpí]
cour (de)	oborr (m)	[obór]
omheining (de)	gardh (m)	[garð]
baksteen (de)	tullë (f)	[tútə]
van bakstenen	me tulla	[mɛ túta]
steen (de)	gur (m)	[gur]
stenen (bn)	guror	[gurór]
beton (het)	çimento (f)	[tʃiménto]
van beton	prej çimentoje	[prɛj tʃiméntojɛ]
nieuw (bn)	i ri	[i rí]
oud (bn)	i vjetër	[i vjétər]
vervallen (bn)	e vjetruar	[ɛ vjɛtrúar]
modern (bn)	moderne	[modérnɛ]
met veel verdiepingen	shumëkatëshe	[ʃumǝkátǝʃɛ]
hoog (bn)	e lartë	[ɛ lártǝ]
verdieping (de)	kat (m)	[kat]
met een verdieping	njëkatëshe	[ɲǝkátǝʃɛ]
laagste verdieping (de)	përdhese (f)	[pǝrðésɛ]
bovenverdieping (de)	kati i fundit (m)	[káti i fúndit]
dak (het)	çati (f)	[tʃatí]
schoorsteen (de)	oxhak (m)	[odʒák]
dakpan (de)	tjegulla (f)	[tjéguta]
pannen- (abn)	me tjegulla	[mɛ tjéguta]
zolder (de)	papafingo (f)	[papafíŋo]
venster (het)	dritare (f)	[dritárɛ]
glas (het)	xham (m)	[dʒam]
vensterbank (de)	prag dritareje (m)	[prag dritárɛjɛ]
luiken (mv.)	grila (f)	[gríla]
muur (de)	mur (m)	[mur]
balkon (het)	ballkon (m)	[batkón]
regenpijp (de)	ulluk (m)	[utúk]
boven (bw)	lart	[lart]
naar boven gaan (ww)	ngjitem lart	[ɲjitém lárt]
afdalen (on.ww.)	zbres	[zbrɛs]
verhuizen (ww)	lëviz	[lǝvíz]

83. Huis. Ingang. Lift

ingang (de)	hyrje (f)	[hýrjɛ]
trap (de)	shkallë (f)	[ʃkátə]
treden (mv.)	shkallë (f)	[ʃkátə]
trapleuning (de)	parmak (m)	[parmák]
hal (de)	holl (m)	[hoɬ]

postbus (de)	kuti postare (f)	[kutí postárɛ]
vuilnisbak (de)	kazan mbeturinash (m)	[kazán mbɛturínaʃ]
vuilniskoker (de)	ashensor mbeturinash (m)	[aʃɛnsór mbɛturínaʃ]

lift (de)	ashensor (m)	[aʃɛnsór]
goederenlift (de)	ashensor mallrash (m)	[aʃɛnsór mátraʃ]
liftcabine (de)	kabinë ashensori (f)	[kabínə aʃɛnsóri]
de lift nemen	marr ashensorin	[mar aʃɛnsórin]

appartement (het)	apartament (m)	[apartamént]
bewoners (mv.)	banorë (pl)	[banórə]
buurman (de)	komshi (m)	[komʃí]
buurvrouw (de)	komshike (f)	[komʃíkɛ]
buren (mv.)	komshinj (pl)	[komʃíɲ]

84. Huis. Deuren. Sloten

deur (de)	derë (f)	[dérə]
toegangspoort (de)	portik (m)	[portík]
deurkruk (de)	dorezë (f)	[dorézə]
ontsluiten (ontgrendelen)	zhbllokoj	[ʒbɬokój]
openen (ww)	hap	[hap]
sluiten (ww)	mbyll	[mbyɬ]

sleutel (de)	çelës (m)	[tʃéləs]
sleutelbos (de)	tufë çelësash (f)	[túfə tʃéləsaʃ]

knarsen (bijv. scharnier)	kërcet	[kərtsét]
knarsgeluid (het)	kërcitje (f)	[kərtsítjɛ]
scharnier (het)	menteshë (f)	[mɛntéʃə]
deurmat (de)	tapet hyrës (m)	[tapét hýrəs]

slot (het)	kyç (m)	[kytʃ]
sleutelgat (het)	vrimë e çelësit (f)	[vrímə ɛ tʃéləsit]
grendel (de)	shul (m)	[ʃul]
schuif (de)	shul (m)	[ʃul]
hangslot (het)	dry (m)	[dry]

aanbellen (ww)	i bie ziles	[i bíɛ zílɛs]
bel (geluid)	tingulli i ziles (m)	[tíɲuɬi i zílɛs]
deurbel (de)	zile (f)	[zílɛ]
belknop (de)	çelësi i ziles (m)	[tʃéləsi i zílɛs]

geklop (het)	trokitje (f)	[trokítjɛ]
kloppen (ww)	trokas	[trokás]

code (de)	kod (m)	[kod]
cijferslot (het)	kod (m)	[kod]
parlofoon (de)	interkom (m)	[intɛrkóm]
nummer (het)	numër (m)	[númər]
naambordje (het)	pllakë e emrit (f)	[płákə ɛ émrit]
deurspion (de)	vrimë përgjimi (f)	[vrímə pərɟími]

85. Huis op het platteland

dorp (het)	fshat (m)	[fʃát]
moestuin (de)	kopsht zarzavatesh (m)	[kópʃt zarzavátɛʃ]
hek (het)	gardh (m)	[garð]
houten hekwerk (het)	gardh kunjash	[garð kúɲaʃ]
tuinpoortje (het)	portik (m)	[portík]

graanschuur (de)	hambar (m)	[hambár]
wortelkelder (de)	qilar (m)	[cilár]
schuur (de)	kasolle (f)	[kasółɛ]
waterput (de)	pus (m)	[pus]

kachel (de)	sobë (f)	[sóbə]
de kachel stoken	mbush sobën	[mbúʃ sóbən]
brandhout (het)	dru për zjarr (m)	[dru pər zjár]
houtblok (het)	dru (m)	[dru]

veranda (de)	verandë (f)	[vɛrándə]
terras (het)	ballkon (m)	[bałkón]
bordes (het)	prag i derës (m)	[prag i dérəs]
schommel (de)	kolovajzë (f)	[kolovájzə]

86. Kasteel. Paleis

kasteel (het)	kështjellë (f)	[kəʃtjétə]
paleis (het)	pallat (m)	[pałát]
vesting (de)	kala (f)	[kalá]

ringmuur (de)	mur rrethues (m)	[mur rɛθúɛs]
toren (de)	kullë (f)	[kútə]
donjon (de)	kulla e parë (f)	[kúła ɛ párə]

valhek (het)	portë me hekura (f)	[pórtə mɛ hékura]
onderaardse gang (de)	nënkalim (m)	[nənkalím]
slotgracht (de)	kanal (m)	[kanál]

| ketting (de) | zinxhir (m) | [zindʒír] |
| schietgat (het) | frëngji (f) | [frənɟʃ] |

| prachtig (bn) | e mrekullueshme | [ɛ mrɛkułúɛʃmɛ] |
| majestueus (bn) | madhështore | [maðəʃtórɛ] |

| onneembaar (bn) | e padepërtueshme | [ɛ padɛpərtúɛʃmɛ] |
| middeleeuws (bn) | mesjetare | [mɛsjɛtárɛ] |

87. Appartement

appartement (het)	apartament (m)	[apartamént]
kamer (de)	dhomë (f)	[ðómə]
slaapkamer (de)	dhomë gjumi (f)	[ðómə ɟúmi]
eetkamer (de)	dhomë ngrënie (f)	[ðómə ŋrəníɛ]
salon (de)	dhomë ndeje (f)	[ðómə ndéjɛ]
studeerkamer (de)	dhomë pune (f)	[ðómə púnɛ]
gang (de)	hyrje (f)	[hýrjɛ]
badkamer (de)	banjo (f)	[báɲo]
toilet (het)	tualet (m)	[tualét]
plafond (het)	tavan (m)	[taván]
vloer (de)	dysheme (f)	[dyʃɛmé]
hoek (de)	qoshe (f)	[cóʃɛ]

88. Appartement. Schoonmaken

schoonmaken (ww)	pastroj	[pastrój]
opbergen (in de kast, enz.)	vendos	[vɛndós]
stof (het)	pluhur (m)	[plúhur]
stoffig (bn)	e pluhurosur	[ɛ pluhurósur]
stoffen (ww)	marr pluhurat	[mar plúhurat]
stofzuiger (de)	fshesë elektrike (f)	[fʃésə ɛlɛktríkɛ]
stofzuigen (ww)	thith pluhurin	[θiθ plúhurin]
vegen (de vloer ~)	fshij	[fʃíj]
veegsel (het)	plehra (f)	[pléhra]
orde (de)	rregull (m)	[réguɫ]
wanorde (de)	rrëmujë (f)	[rəmújə]
zwabber (de)	shtupë (f)	[ʃtúpə]
poetsdoek (de)	leckë (f)	[létskə]
veger (de)	fshesë (f)	[fʃésə]
stofblik (het)	kaci (f)	[katsí]

89. Meubels. Interieur

meubels (mv.)	orendi (f)	[orɛndí]
tafel (de)	tryezë (f)	[tryézə]
stoel (de)	karrige (f)	[karígɛ]
bed (het)	shtrat (m)	[ʃtrat]
bankstel (het)	divan (m)	[diván]
fauteuil (de)	kolltuk (m)	[koɫtúk]
boekenkast (de)	raft librash (m)	[ráft líbraʃ]
boekenrek (het)	sergjen (m)	[sɛɟén]
kledingkast (de)	gardërobë (f)	[gardəróbə]
kapstok (de)	varëse (f)	[várəsɛ]

staande kapstok (de)	varëse xhaketash (f)	[várəsɛ dʒakétaʃ]
commode (de)	komodë (f)	[komódə]
salontafeltje (het)	tryezë e ulët (f)	[tryézə ɛ úlət]

spiegel (de)	pasqyrë (f)	[pascýrə]
tapijt (het)	qilim (m)	[cilím]
tapijtje (het)	tapet (m)	[tapét]

haard (de)	oxhak (m)	[odʒák]
kaars (de)	qiri (m)	[círi]
kandelaar (de)	shandan (m)	[ʃandán]

gordijnen (mv.)	perde (f)	[pérdɛ]
behang (het)	tapiceri (f)	[tapitsɛrí]
jaloezie (de)	grila (f)	[gríla]

bureaulamp (de)	llambë tavoline (f)	[ɫámbə tavolínɛ]
wandlamp (de)	llambadar muri (m)	[ɫambadár múri]
staande lamp (de)	llambadar (m)	[ɫambadár]
luchter (de)	llambadar (m)	[ɫambadár]

poot (ov. een tafel, enz.)	këmbë (f)	[kémbə]
armleuning (de)	mbështetëse krahu (f)	[mbəʃtétəsɛ kráhu]
rugleuning (de)	mbështetëse (f)	[mbəʃtétəsɛ]
la (de)	sirtar (m)	[sirtár]

90. Beddengoed

beddengoed (het)	çarçafë (pl)	[tʃartʃáfə]
kussen (het)	jastëk (m)	[jasték]
kussenovertrek (de)	këllëf jastëku (m)	[kəɫəf jastéku]
deken (de)	jorgan (m)	[jorgán]
laken (het)	çarçaf (m)	[tʃartʃáf]
sprei (de)	mbulesë (f)	[mbulésə]

91. Keuken

keuken (de)	kuzhinë (f)	[kuʒínə]
gas (het)	gaz (m)	[gaz]
gasfornuis (het)	sobë me gaz (f)	[sóbə mɛ gaz]
elektrisch fornuis (het)	sobë elektrike (f)	[sóbə ɛlɛktríkɛ]
oven (de)	furrë (f)	[fúrə]
magnetronoven (de)	mikrovalë (f)	[mikrroválə]

koelkast (de)	frigorifer (m)	[frigorifér]
diepvriezer (de)	frigorifer (m)	[frigorifér]
vaatwasmachine (de)	pjatalarëse (f)	[pjatalárəsɛ]

vleesmolen (de)	grirëse mishi (f)	[grírəsɛ míʃi]
vruchtenpers (de)	shtrydhëse frutash (f)	[ʃtrýðəsɛ frútaʃ]
toaster (de)	toster (m)	[tostér]
mixer (de)	mikser (m)	[miksér]

koffiemachine (de)	makinë kafeje (f)	[makínə kaféjɛ]
koffiepot (de)	kafetierë (f)	[kafɛtiérə]
koffiemolen (de)	mulli kafeje (f)	[muɫí káfɛjɛ]

fluitketel (de)	çajnik (m)	[tʃajník]
theepot (de)	çajnik (m)	[tʃajník]
deksel (de/het)	kapak (m)	[kapák]
theezeefje (het)	sitë çaji (f)	[sítə tʃáji]

lepel (de)	lugë (f)	[lúgə]
theelepeltje (het)	lugë çaji (f)	[lúgə tʃáji]
eetlepel (de)	lugë gjelle (f)	[lúgə ɟéɫɛ]
vork (de)	pirun (m)	[pirún]
mes (het)	thikë (f)	[θíkə]

vaatwerk (het)	enë kuzhine (f)	[énə kuʒínɛ]
bord (het)	pjatë (f)	[pjátə]
schoteltje (het)	pjatë filxhani (f)	[pjátə fildʒáni]

likeurglas (het)	potir (m)	[potír]
glas (het)	gotë (f)	[gótə]
kopje (het)	filxhan (m)	[fildʒán]

suikerpot (de)	tas për sheqer (m)	[tas pər ʃɛcér]
zoutvat (het)	kripore (f)	[kripórɛ]
pepervat (het)	enë piperi (f)	[énə pipéri]
boterschaaltje (het)	pjatë gjalpi (f)	[pjátə ɟálpi]

pan (de)	tenxhere (f)	[tɛndʒérɛ]
bakpan (de)	tigan (m)	[tigán]
pollepel (de)	garuzhdë (f)	[garúʒdə]
vergiet (de/het)	kullesë (f)	[kuɫésə]
dienblad (het)	tabaka (f)	[tabaká]

fles (de)	shishe (f)	[ʃíʃɛ]
glazen pot (de)	kavanoz (m)	[kavanóz]
blik (conserven~)	kanoçe (f)	[kanótʃɛ]

flesopener (de)	hapëse shishesh (f)	[hapəsé ʃíʃɛʃ]
blikopener (de)	hapëse kanoçesh (f)	[hapəsé kanótʃɛʃ]
kurkentrekker (de)	turjelë tapash (f)	[turjélə tápaʃ]
filter (de/het)	filtër (m)	[fíltər]
filteren (ww)	filtroj	[filtrój]

| huisvuil (het) | pleh (m) | [plɛh] |
| vuilnisemmer (de) | kosh plehrash (m) | [koʃ pléhraʃ] |

92. Badkamer

badkamer (de)	banjo (f)	[báɲo]
water (het)	ujë (m)	[újə]
kraan (de)	rubinet (m)	[rubinét]
warm water (het)	ujë i nxehtë (f)	[újə i ndzéhtə]
koud water (het)	ujë i ftohtë (f)	[újə i ftóhtə]

tandpasta (de)	pastë dhëmbësh (f)	[pástə ðémbəʃ]
tanden poetsen (ww)	laj dhëmbët	[laj ðémbət]
tandenborstel (de)	furçë dhëmbësh (f)	[fúrtʃə ðémbəʃ]
zich scheren (ww)	rruhem	[rúhɛm]
scheercrème (de)	shkumë rroje (f)	[ʃkumə rójɛ]
scheermes (het)	brisk (m)	[brísk]
wassen (ww)	laj duart	[laj dúart]
een bad nemen	lahem	[láhɛm]
douche (de)	dush (m)	[duʃ]
een douche nemen	bëj dush	[bəj dúʃ]
bad (het)	vaskë (f)	[váskə]
toiletpot (de)	tualet (m)	[tualét]
wastafel (de)	lavaman (m)	[lavamán]
zeep (de)	sapun (m)	[sapún]
zeepbakje (het)	pjatë sapuni (f)	[pjátə sapúni]
spons (de)	sfungjer (m)	[sfunɟér]
shampoo (de)	shampo (f)	[ʃampó]
handdoek (de)	peshqir (m)	[pɛʃcír]
badjas (de)	peshqir trupi (m)	[pɛʃcír trúpi]
was (bijv. handwas)	larje (f)	[lárjɛ]
wasmachine (de)	makinë larëse (f)	[makínə lárəsɛ]
de was doen	laj rroba	[laj róba]
waspoeder (de)	detergjent (m)	[dɛtɛrɟént]

93. Huishoudelijke apparaten

televisie (de)	televizor (m)	[tɛlɛvizór]
cassettespeler (de)	inçzues me shirit (m)	[intʃizúɛs mɛ ʃirít]
videorecorder (de)	video regjistrues (m)	[vídɛo rɛɟistrúɛs]
radio (de)	radio (f)	[rádio]
speler (de)	kasetofon (m)	[kasɛtofón]
videoprojector (de)	projektor (m)	[projɛktór]
home theater systeem (het)	kinema shtëpie (f)	[kinɛmá ʃtəpíɛ]
DVD-speler (de)	DVD player (m)	[dividí plɛjər]
versterker (de)	amplifikator (m)	[amplifikatór]
spelconsole (de)	konsol video loje (m)	[konsól vídɛo lójɛ]
videocamera (de)	videokamerë (f)	[vidɛokamérə]
fotocamera (de)	aparat fotografik (m)	[aparát fotografík]
digitale camera (de)	kamerë digjitale (f)	[kamérə diɟitálɛ]
stofzuiger (de)	fshesë elektrike (f)	[fʃésə ɛlɛktríkɛ]
strijkijzer (het)	hekur (m)	[hékur]
strijkplank (de)	tryezë për hekurosje (f)	[tryézə pər hɛkurósjɛ]
telefoon (de)	telefon (m)	[tɛlɛfón]
mobieltje (het)	celular (m)	[tsɛlulár]

| schrijfmachine (de) | makinë shkrimi (f) | [makínə ʃkrími] |
| naaimachine (de) | makinë qepëse (f) | [makínə cépəsɛ] |

microfoon (de)	mikrofon (m)	[mikrofón]
koptelefoon (de)	kufje (f)	[kúfjɛ]
afstandsbediening (de)	telekomandë (f)	[tɛlɛkomándə]

CD (de)	CD (f)	[tsɛdé]
cassette (de)	kasetë (f)	[kasétə]
vinylplaat (de)	pllakë gramafoni (f)	[płákə gramafóni]

94. Reparaties. Renovatie

renovatie (de)	renovim (m)	[rɛnovím]
renoveren (ww)	rinovoj	[rinovój]
repareren (ww)	riparoj	[ripaój]
op orde brengen	rregulloj	[rɛgułój]
overdoen (ww)	ribëj	[ribéj]

verf (de)	bojë (f)	[bójə]
verven (muur ~)	lyej	[lýɛj]
schilder (de)	bojaxhi (m)	[bojadʒí]
kwast (de)	furçë (f)	[fúrtʃə]

| kalk (de) | gëlqere (f) | [gəlcérɛ] |
| kalken (ww) | lyej me gëlqere | [lýɛj mɛ gəlcérɛ] |

behang (het)	tapiceri (f)	[tapitsɛrí]
behangen (ww)	vendos tapiceri	[vɛndós tapitsɛrí]
lak (de/het)	llak (m)	[łak]
lakken (ww)	lustroj	[lustrój]

95. Loodgieterswerk

water (het)	ujë (m)	[újə]
warm water (het)	ujë i nxehtë (f)	[újə i ndzéhtə]
koud water (het)	ujë i ftohtë (f)	[újə i ftóhtə]
kraan (de)	rubinet (m)	[rubinét]

druppel (de)	pikë uji (f)	[píkə új i]
druppelen (ww)	pikon	[pikón]
lekken (een lek hebben)	rrjedh	[rjéð]
lekkage (de)	rrjedhje (f)	[rjéðjɛ]
plasje (het)	pellg (m)	[pɛłg]

buis, leiding (de)	gyp (m)	[gyp]
stopkraan (de)	valvulë (f)	[valvúlə]
verstopt raken (ww)	bllokohet	[błokóhɛt]

gereedschap (het)	vegla (pl)	[végla]
Engelse sleutel (de)	çelës anglez (m)	[tʃéləs aŋléz]
losschroeven (ww)	zhvidhos	[ʒviðós]

aanschroeven (ww)	vidhos	[viðós]
ontstoppen (riool, enz.)	zhbllokoj	[ʒbłokój]
loodgieter (de)	hidraulik (m)	[hidraulík]
kelder (de)	qilar (m)	[cilár]
riolering (de)	kanalizim (m)	[kanalizím]

96. Brand. Vuurzee

brand (de)	zjarr (m)	[zjar]
vlam (de)	flakë (f)	[flákə]
vonk (de)	shkëndijë (f)	[ʃkəndíjə]
rook (de)	tym (m)	[tym]
fakkel (de)	pishtar (m)	[piʃtár]
kampvuur (het)	zjarr kampingu (m)	[zjar kampíŋu]

benzine (de)	benzinë (f)	[bɛnzínə]
kerosine (de)	vajgur (m)	[vajgúr]
brandbaar (bn)	djegëse	[djégəsɛ]
ontplofbaar (bn)	shpërthyese	[ʃpərθýɛsɛ]
VERBODEN TE ROKEN!	NDALOHET DUHANI	[ndalóhɛt duháni]

veiligheid (de)	siguri (f)	[sigurí]
gevaar (het)	rrezik (m)	[rɛzík]
gevaarlijk (bn)	i rrezikshëm	[i rɛzíkʃəm]

in brand vliegen (ww)	merr flakë	[mɛr flákə]
explosie (de)	shpërthim (m)	[ʃpərθím]
in brand steken (ww)	vë flakën	[və flákən]
brandstichter (de)	zjarrvënës (m)	[zjarvénəs]
brandstichting (de)	zjarrvënie e qëllimshme (f)	[zjarvéniɛ ɛ cəłímʃmɛ]

vlammen (ww)	flakëron	[flakərón]
branden (ww)	digjet	[díɟɛt]
afbranden (ww)	u dogj	[u doɟ]

de brandweer bellen	telefonoj zjarrfikësit	[tɛlɛfonój zjarfíkəsit]
brandweerman (de)	zjarrfikës (m)	[zjarfíkəs]
brandweerwagen (de)	kamion zjarrfikës (m)	[kamión zjarfíkəs]
brandweer (de)	zjarrfikës (m)	[zjarfíkəs]
uitschuifbare ladder (de)	shkallë e zjarrfikëses (f)	[ʃkáłə ɛ zjarfíkəsɛs]

brandslang (de)	pompë e ujit (f)	[pómpə ɛ újit]
brandblusser (de)	bombolë kundër zjarrit (f)	[bombólə kúndər zjárit]
helm (de)	helmetë (f)	[hɛlmétə]
sirene (de)	alarm (m)	[alárm]

roepen (ww)	bërtas	[bərtás]
hulp roepen	thërras për ndihmë	[θərás pər ndíhmə]
redder (de)	shpëtimtar (m)	[ʃpətimtár]
redden (ww)	shpëtoj	[ʃpətój]

aankomen (per auto, enz.)	arrij	[aríj]
blussen (ww)	shuaj	[ʃúaj]
water (het)	ujë (m)	[újə]

zand (het)	rërë (f)	[rə́rə]
ruïnes (mv.)	gërmadhë (f)	[gərmáðə]
instorten (gebouw, enz.)	shembet	[ʃémbɛt]
ineenstorten (ww)	rrëzohem	[rəzóhɛm]
inzakken (ww)	shembet	[ʃémbɛt]
brokstuk (het)	mbetje (f)	[mbétjɛ]
as (de)	hi (m)	[hi]
verstikken (ww)	asfiksim	[asfiksím]
omkomen (ww)	vdes	[vdɛs]

MENSELIJKE ACTIVITEITEN

Baan. Business. Deel 1

97. Bankieren

bank (de)	bankë (f)	[bánkə]
bankfiliaal (het)	degë (f)	[dégə]
bankbediende (de)	punonjës banke (m)	[punóɲəs bánkɛ]
manager (de)	drejtor (m)	[drɛjtór]
bankrekening (de)	llogari bankare (f)	[ɫogarí bankárɛ]
rekeningnummer (het)	numër llogarie (m)	[númər ɫogaríɛ]
lopende rekening (de)	llogari rrjedhëse (f)	[ɫogarí rjéðəsɛ]
spaarrekening (de)	llogari kursimesh (f)	[ɫogarí kursímɛʃ]
een rekening openen	hap një llogari	[hap ɲə ɫogarí]
de rekening sluiten	mbyll një llogari	[mbýɫ ɲə ɫogarí]
op rekening storten	depozitoj në llogari	[dɛpozitój nə ɫogarí]
opnemen (ww)	tërheq	[tərhéc]
storting (de)	depozitë (f)	[dɛpozítə]
een storting maken	kryej një depozitim	[krýɛj ɲə dɛpozitím]
overschrijving (de)	transfer bankar (m)	[transfér bankár]
een overschrijving maken	transferoj para	[transfɛrój pará]
som (de)	shumë (f)	[ʃúmə]
Hoeveel?	Sa?	[sa?]
handtekening (de)	nënshkrim (m)	[nənʃkrím]
ondertekenen (ww)	nënshkruaj	[nənʃkrúaj]
kredietkaart (de)	kartë krediti (f)	[kártə krɛdíti]
code (de)	kodi PIN (m)	[kódi pin]
kredietkaartnummer (het)	numri i kartës së kreditit (m)	[númri i kártəs sə krɛdítit]
geldautomaat (de)	bankomat (m)	[bankomát]
cheque (de)	çek (m)	[tʃɛk]
een cheque uitschrijven	lëshoj një çek	[ləʃój ɲə tʃék]
chequeboekje (het)	bllok çeqesh (m)	[bɫók tʃécɛʃ]
lening, krediet (de)	kredi (f)	[krɛdí]
een lening aanvragen	aplikoj për kredi	[aplikój pər krɛdí]
een lening nemen	marr kredi	[mar krɛdí]
een lening verlenen	jap kredi	[jap krɛdí]
garantie (de)	garanci (f)	[garantsí]

98. Telefoon. Telefoongesprek

telefoon (de)	telefon (m)	[tɛlɛfón]
mobieltje (het)	celular (m)	[tsɛlulár]
antwoordapparaat (het)	sekretari telefonike (f)	[sɛkrɛtarí tɛlɛfoníkɛ]

bellen (ww)	telefonoj	[tɛlɛfonój]
belletje (telefoontje)	telefonatë (f)	[tɛlɛfonátə]

een nummer draaien	i bie numrit	[i bíɛ númrit]
Hallo!	Përshëndetje!	[pərʃəndétjɛ!]
vragen (ww)	pyes	[pýɛs]
antwoorden (ww)	përgjigjem	[pərɟíɟɛm]

horen (ww)	dëgjoj	[dəɟój]
goed (bw)	mirë	[mírə]
slecht (bw)	jo mirë	[jo mírə]
storingen (mv.)	zhurmë (f)	[ʒúrmə]

hoorn (de)	marrës (m)	[márəs]
opnemen (ww)	ngre telefonin	[ŋré tɛlɛfónin]
ophangen (ww)	mbyll telefonin	[mbýɫ tɛlɛfónin]

bezet (bn)	i zënë	[i zénə]
overgaan (ww)	bie zilja	[bíɛ zílja]
telefoonboek (het)	numerator telefonik (m)	[numɛratór tɛlɛfoník]

lokaal (bn)	lokale	[lokálɛ]
lokaal gesprek (het)	thirrje lokale (f)	[θírjɛ lokálɛ]
interlokaal (bn)	distancë e largët	[distántsə ɛ lárgət]
interlokaal gesprek (het)	thirrje në distancë (f)	[θírjɛ nə distántsə]
buitenlands (bn)	ndërkombëtar	[ndərkombətár]
buitenlands gesprek (het)	thirrje ndërkombëtare (f)	[θírjɛ ndərkombətárɛ]

99. Mobiele telefoon

mobieltje (het)	celular (m)	[tsɛlulár]
scherm (het)	ekran (m)	[ɛkrán]
toets, knop (de)	buton (m)	[butón]
simkaart (de)	karta SIM (m)	[kárta sim]

batterij (de)	bateri (f)	[batɛrí]
leeg zijn (ww)	e shkarkuar	[ɛ ʃkarkúar]
acculader (de)	karikues (m)	[karikúɛs]

menu (het)	menu (f)	[mɛnú]
instellingen (mv.)	parametra (f)	[paramétra]
melodie (beltoon)	melodi (f)	[mɛlodí]
selecteren (ww)	përzgjedh	[pərzɟéð]

rekenmachine (de)	makinë llogaritëse (f)	[makínə ɫogarítəsɛ]
voicemail (de)	postë zanore (f)	[póstə zanórɛ]
wekker (de)	alarm (m)	[alárm]

contacten (mv.)	kontakte (pl)	[kontáktɛ]
SMS-bericht (het)	SMS (m)	[ɛsɛmɛs]
abonnee (de)	abonent (m)	[abonént]

100. Schrijfbehoeften

balpen (de)	stilolaps (m)	[stiloláps]
vulpen (de)	stilograf (m)	[stilográf]

potlood (het)	laps (m)	[láps]
marker (de)	shënjues (m)	[ʃəɲúɛs]
viltstift (de)	tushë me bojë (f)	[túʃə mɛ bójə]

notitieboekje (het)	bllok shënimesh (m)	[bɫók ʃənímɛʃ]
agenda (boekje)	agjendë (f)	[aɟéndə]

liniaal (de/het)	vizore (f)	[vizórɛ]
rekenmachine (de)	makinë llogaritëse (f)	[makínə ɫogarítəsɛ]
gom (de)	gomë (f)	[gómə]
punaise (de)	pineskë (f)	[pinéskə]
paperclip (de)	kapëse fletësh (f)	[kápəsɛ flétəʃ]

lijm (de)	ngjitës (m)	[nɟítəs]
nietmachine (de)	ngjitës metalik (m)	[nɟítəs mɛtalík]
perforator (de)	hapës vrimash (m)	[hápəs vrímaʃ]
potloodslijper (de)	mprehëse lapsash (m)	[mpréhəsɛ lápsaʃ]

Baan. Business. Deel 2

101. Massamedia

krant (de)	gazetë (f)	[gazétə]
tijdschrift (het)	revistë (f)	[rɛvístə]
pers (gedrukte media)	shtyp (m)	[ʃtyp]
radio (de)	radio (f)	[rádio]
radiostation (het)	radio stacion (m)	[rádio statsión]
televisie (de)	televizor (m)	[tɛlɛvizór]

presentator (de)	prezantues (m)	[prɛzantúɛs]
nieuwslezer (de)	prezantues lajmesh (m)	[prɛzantúɛs lájmɛʃ]
commentator (de)	komentues (m)	[komɛntúɛs]

journalist (de)	gazetar (m)	[gazɛtár]
correspondent (de)	reporter (m)	[rɛportér]
fotocorrespondent (de)	fotograf gazetar (m)	[fotográf gazɛtár]
reporter (de)	reporter (m)	[rɛportér]

| redacteur (de) | redaktor (m) | [rɛdaktór] |
| chef-redacteur (de) | kryeredaktor (m) | [kryɛrɛdaktór] |

zich abonneren op	abonohem	[abonóhɛm]
abonnement (het)	abonim (m)	[aboním]
abonnee (de)	abonent (m)	[abonént]
lezen (ww)	lexoj	[lɛdzój]
lezer (de)	lexues (m)	[lɛdzúɛs]

oplage (de)	qarkullim (m)	[carkuɫím]
maand-, maandelijks (bn)	mujore	[mujórɛ]
wekelijks (bn)	javor	[javór]
nummer (het)	edicion (m)	[ɛditsión]
vers (~ van de pers)	i ri	[i rí]

kop (de)	kryeradhë (f)	[kryɛráðə]
korte artikel (het)	artikull i shkurtër (m)	[artíkuɫ i ʃkúrtər]
rubriek (de)	rubrikë (f)	[rubríkə]
artikel (het)	artikull (m)	[artíkuɫ]
pagina (de)	faqe (f)	[fácɛ]

reportage (de)	reportazh (m)	[rɛportáʒ]
gebeurtenis (de)	ceremoni (f)	[tsɛrɛmoní]
sensatie (de)	ndjesi (f)	[ndjɛsí]
schandaal (het)	skandal (m)	[skandál]
schandalig (bn)	skandaloz	[skandalóz]
groot (~ schandaal, enz.)	i madh	[i máð]

| programma (het) | emision (m) | [ɛmisión] |
| interview (het) | intervistë (f) | [intɛrvístə] |

| live uitzending (de) | lidhje direkte (f) | [líðjɛ dirɛ́ktɛ] |
| kanaal (het) | kanal (m) | [kanál] |

102. Landbouw

landbouw (de)	agrikulturë (f)	[agrikultúrə]
boer (de)	fshatar (m)	[fʃatár]
boerin (de)	fshatare (f)	[fʃatárɛ]
landbouwer (de)	fermer (m)	[fɛrmér]

| tractor (de) | traktor (m) | [traktór] |
| maaidorser (de) | autokombajnë (f) | [autokombájnə] |

ploeg (de)	plug (m)	[plug]
ploegen (ww)	lëroj	[lərój]
akkerland (het)	tokë bujqësore (f)	[tókə bujcəsórɛ]
voor (de)	brazdë (f)	[brázdə]

zaaien (ww)	mbjell	[mbjéł]
zaaimachine (de)	mbjellës (m)	[mbjéłəs]
zaaien (het)	mbjellje (f)	[mbjéłjɛ]

| zeis (de) | kosë (f) | [kósə] |
| maaien (ww) | kosit | [kosít] |

| schop (de) | lopatë (f) | [lopátə] |
| spitten (ww) | lëroj | [lərój] |

schoffel (de)	shat (m)	[ʃat]
wieden (ww)	prashis	[praʃís]
onkruid (het)	bar i keq (m)	[bar i kɛc]

gieter (de)	vaditës (m)	[vadítəs]
begieten (water geven)	ujis	[ujís]
bewatering (de)	vaditje (f)	[vadítjɛ]

| riek, hooivork (de) | sfurk (m) | [sfúrk] |
| hark (de) | grabujë (f) | [grabújə] |

kunstmest (de)	pleh (m)	[plɛh]
bemesten (ww)	hedh pleh	[hɛð pléh]
mest (de)	pleh kafshësh (m)	[plɛh káfʃəʃ]

veld (het)	fushë (f)	[fúʃə]
wei (de)	lëndinë (f)	[ləndínə]
moestuin (de)	kopsht zarzavatesh (m)	[kópʃt zarzavátɛʃ]
boomgaard (de)	kopsht frutor (m)	[kópʃt frutór]

weiden (ww)	kullos	[kułós]
herder (de)	bari (m)	[barí]
weiland (de)	kullota (f)	[kułóta]

| veehouderij (de) | mbarështim bagëtish (m) | [mbarəʃtím bagətíʃ] |
| schapenteelt (de) | rritje e deleve (f) | [rítjɛ ɛ délɛvɛ] |

plantage (de)	plantacion (m)	[plantatsión]
rijtje (het)	rresht (m)	[réʃt]
broeikas (de)	serë (f)	[sérə]

| droogte (de) | thatësirë (f) | [θatəsírə] |
| droog (bn) | e thatë | [ɛ θátə] |

graan (het)	drithë (m)	[dríθə]
graangewassen (mv.)	drithëra (pl)	[dríθəra]
oogsten (ww)	korr	[kor]

molenaar (de)	mullixhi (m)	[muɫidʒí]
molen (de)	mulli (m)	[muɫí]
malen (graan ~)	bluaj	[blúaj]
bloem (bijv. tarwebloem)	miell (m)	[míɛɫ]
stro (het)	kashtë (f)	[káʃtə]

103. Gebouw. Bouwproces

bouwplaats (de)	kantier ndërtimi (m)	[kantiér ndərtími]
bouwen (ww)	ndërtoj	[ndərtój]
bouwvakker (de)	punëtor ndërtimi (m)	[punətór ndərtími]

project (het)	projekt (m)	[projékt]
architect (de)	arkitekt (m)	[arkitékt]
arbeider (de)	punëtor (m)	[punətór]

fundering (de)	themel (m)	[θɛmél]
dak (het)	çati (f)	[tʃatí]
heipaal (de)	shtyllë themeli (f)	[ʃtýɫə θɛméli]
muur (de)	mur (m)	[mur]

| betonstaal (het) | shufra përforcuese (pl) | [ʃúfra pərfortsúɛsɛ] |
| steigers (mv.) | skela (f) | [skéla] |

beton (het)	beton (m)	[bɛtón]
graniet (het)	granit (m)	[graním]
steen (de)	gur (m)	[gur]
baksteen (de)	tullë (f)	[túɫə]

zand (het)	rërë (f)	[rérə]
cement (de/het)	çimento (f)	[tʃiménto]
pleister (het)	suva (f)	[súva]
pleisteren (ww)	suvatoj	[suvatój]

verf (de)	bojë (f)	[bójə]
verven (muur ~)	lyej	[lýɛj]
ton (de)	fuçi (f)	[futʃí]

kraan (de)	vinç (m)	[vintʃ]
heffen, hijsen (ww)	ngreh	[ŋréh]
neerlaten (ww)	ul	[ul]
bulldozer (de)	buldozer (m)	[buldozér]
graafmachine (de)	ekskavator (m)	[ɛkskavatór]

graafbak (de)	**goja e ekskavatorit** (f)	[gója ɛ ɛkskavatórit]
graven (tunnel, enz.)	**gërmoj**	[gərmój]
helm (de)	**helmetë** (f)	[hɛlmétə]

Beroepen en ambachten

104. Zoeken naar werk. Ontslag

baan (de)	punë (f)	[púnə]
werknemers (mv.)	staf (m)	[staf]
personeel (het)	personel (m)	[pɛrsonél]
carrière (de)	karrierë (f)	[kariérə]
vooruitzichten (mv.)	mundësi (f)	[mundəsí]
meesterschap (het)	aftësi (f)	[aftəsí]
keuze (de)	përzgjedhje (f)	[pərzɟéðjɛ]
uitzendbureau (het)	agjenci punësimi (f)	[aɟɛntsí punəsími]
CV, curriculum vitae (het)	resume (f)	[rɛsumé]
sollicitatiegesprek (het)	intervistë punësimi (f)	[intɛrvístə punəsími]
vacature (de)	vend i lirë pune (m)	[vɛnd i lírə púnɛ]
salaris (het)	rrogë (f)	[rógə]
vaste salaris (het)	rrogë fikse (f)	[rógə fíksɛ]
loon (het)	pagesë (f)	[pagésə]
betrekking (de)	post (m)	[post]
taak, plicht (de)	detyrë (f)	[dɛtýrə]
takenpakket (het)	lista e detyrave (f)	[lísta ɛ dɛtýravɛ]
bezig (~ zijn)	i zënë	[i zénə]
ontslagen (ww)	pushoj nga puna	[puʃój ŋa púna]
ontslag (het)	pushim nga puna (m)	[puʃím ŋa púna]
werkloosheid (de)	papunësi (m)	[papunəsí]
werkloze (de)	i papunë (m)	[i papúnə]
pensioen (het)	pension (m)	[pɛnsión]
met pensioen gaan	dal në pension	[dál nə pɛnsión]

105. Zakenmensen

directeur (de)	drejtor (m)	[drɛjtór]
beheerder (de)	drejtor (m)	[drɛjtór]
hoofd (het)	bos (m)	[bos]
baas (de)	epror (m)	[ɛprór]
superieuren (mv.)	eprorët (pl)	[ɛprórət]
president (de)	president (m)	[prɛsidént]
voorzitter (de)	kryetar (m)	[kryɛtár]
adjunct (de)	zëvendës (m)	[zəvéndəs]
assistent (de)	ndihmës (m)	[ndíhməs]

secretaris (de)	sekretar (m)	[sɛkrɛtár]
persoonlijke assistent (de)	ndihmës personal (m)	[ndíhməs pɛrsonál]
zakenman (de)	biznesmen (m)	[biznɛsmén]
ondernemer (de)	sipërmarrës (m)	[sipərmárəs]
oprichter (de)	themelues (m)	[θɛmɛlúɛs]
oprichten	themeloj	[θɛmɛlój]
(een nieuw bedrijf ~)		
stichter (de)	bashkëthemelues (m)	[baʃkəθɛmɛlúɛs]
partner (de)	partner (m)	[partnér]
aandeelhouder (de)	aksioner (m)	[aksionér]
miljonair (de)	milioner (m)	[milionér]
miljardair (de)	bilioner (m)	[bilionér]
eigenaar (de)	pronar (m)	[pronár]
landeigenaar (de)	pronar tokash (m)	[pronár tókaʃ]
klant (de)	klient (m)	[kliént]
vaste klant (de)	klient i rregullt (m)	[kliént i réguɫt]
koper (de)	blerës (m)	[blérəs]
bezoeker (de)	vizitor (m)	[vizitór]
professioneel (de)	profesionist (m)	[profɛsioníst]
expert (de)	ekspert (m)	[ɛkspért]
specialist (de)	specialist (m)	[spɛtsialíst]
bankier (de)	bankier (m)	[bankiér]
makelaar (de)	komisioner (m)	[komisionér]
kassier (de)	arkëtar (m)	[arkətár]
boekhouder (de)	kontabilist (m)	[kontabilíst]
bewaker (de)	roje sigurimi (m)	[rójɛ sigurími]
investeerder (de)	investitor (m)	[invɛstitór]
schuldenaar (de)	debitor (m)	[dɛbitór]
crediteur (de)	kreditor (m)	[krɛditór]
lener (de)	huamarrës (m)	[huamárəs]
importeur (de)	importues (m)	[importúɛs]
exporteur (de)	eksportues (m)	[ɛksportúɛs]
producent (de)	prodhues (m)	[proðúɛs]
distributeur (de)	distributor (m)	[distributór]
bemiddelaar (de)	ndërmjetës (m)	[ndərmjétəs]
adviseur, consulent (de)	këshilltar (m)	[kəʃiɫtár]
vertegenwoordiger (de)	përfaqësues i shitjeve (m)	[pərfacəsúɛs i ʃitjévɛ]
agent (de)	agjent (m)	[aɟént]
verzekeringsagent (de)	agjent sigurimesh (m)	[aɟént sigurímɛʃ]

106. Dienstverlenende beroepen

kok (de)	kuzhinier (m)	[kuʒiniér]
chef-kok (de)	shef kuzhine (m)	[ʃɛf kuʒínɛ]

bakker (de)	furrtar (m)	[furtár]
barman (de)	banakier (m)	[banakiér]
kelner, ober (de)	kamerier (m)	[kamɛriér]
serveerster (de)	kameriere (f)	[kamɛriérɛ]

advocaat (de)	avokat (m)	[avokát]
jurist (de)	jurist (m)	[juríst]
notaris (de)	noter (m)	[notér]

elektricien (de)	elektricist (m)	[ɛlɛktritsíst]
loodgieter (de)	hidraulik (m)	[hidraulík]
timmerman (de)	marangoz (m)	[maraŋóz]

masseur (de)	masazhist (m)	[masaʒíst]
masseuse (de)	masazhiste (f)	[masaʒístɛ]
dokter, arts (de)	mjek (m)	[mjék]

taxichauffeur (de)	shofer taksie (m)	[ʃofér taksíɛ]
chauffeur (de)	shofer (m)	[ʃofér]
koerier (de)	postier (m)	[postiér]

kamermeisje (het)	pastruese (f)	[pastrúɛsɛ]
bewaker (de)	roje sigurimi (m)	[rójɛ sigurími]
stewardess (de)	stjuardesë (f)	[stjuardésə]

meester (de)	mësues (m)	[məsúɛs]
bibliothecaris (de)	punonjës biblioteke (m)	[punóɲəs bibliotékɛ]
vertaler (de)	përkthyes (m)	[pərkθýɛs]
tolk (de)	përkthyes (m)	[pərkθýɛs]
gids (de)	udhërrëfyes (m)	[uðərəfýɛs]

kapper (de)	parukiere (f)	[parukiérɛ]
postbode (de)	postier (m)	[postiér]
verkoper (de)	shitës (m)	[ʃítəs]

tuinman (de)	kopshtar (m)	[kopʃtár]
huisbediende (de)	shërbëtor (m)	[ʃərbətór]
dienstmeisje (het)	shërbëtore (f)	[ʃərbətórɛ]
schoonmaakster (de)	pastruese (f)	[pastrúɛsɛ]

107. Militaire beroepen en rangen

soldaat (rang)	ushtar (m)	[uʃtár]
sergeant (de)	rreshter (m)	[rɛʃtér]
luitenant (de)	toger (m)	[togér]
kapitein (de)	kapiten (m)	[kapitén]

majoor (de)	major (m)	[majór]
kolonel (de)	kolonel (m)	[kolonél]
generaal (de)	gjeneral (m)	[ɟɛnɛrál]
maarschalk (de)	marshall (m)	[marʃáɫ]
admiraal (de)	admiral (m)	[admirál]
militair (de)	ushtri (f)	[uʃtrí]
soldaat (de)	ushtar (m)	[uʃtár]

| officier (de) | oficer (m) | [ofitsér] |
| commandant (de) | komandant (m) | [komandánt] |

grenswachter (de)	roje kufiri (m)	[rójɛ kufíri]
marconist (de)	radist (m)	[radíst]
verkenner (de)	eksplorues (m)	[ɛksplorúɛs]
sappeur (de)	xhenier (m)	[dʒɛniér]
schutter (de)	shënjues (m)	[ʃəɲúɛs]
stuurman (de)	navigues (m)	[navigúɛs]

108. Ambtenaren. Priesters

| koning (de) | mbret (m) | [mbrét] |
| koningin (de) | mbretëreshë (f) | [mbrɛtəréʃə] |

| prins (de) | princ (m) | [prints] |
| prinses (de) | princeshë (f) | [printséʃə] |

| tsaar (de) | car (m) | [tsár] |
| tsarina (de) | carina (f) | [tsarína] |

president (de)	president (m)	[prɛsidént]
minister (de)	ministër (m)	[minístər]
eerste minister (de)	kryeministër (m)	[kryɛminístər]
senator (de)	senator (m)	[sɛnatór]

diplomaat (de)	diplomat (m)	[diplomát]
consul (de)	konsull (m)	[kónsuɫ]
ambassadeur (de)	ambasador (m)	[ambasadór]
adviseur (de)	këshilltar diplomatik (m)	[kəʃiɫtár diplomatík]

ambtenaar (de)	zyrtar (m)	[zyrtár]
prefect (de)	prefekt (m)	[prɛfékt]
burgemeester (de)	kryetar komune (m)	[kryɛtár komúnɛ]

| rechter (de) | gjykatës (m) | [ɟykátəs] |
| aanklager (de) | prokuror (m) | [prokurór] |

missionaris (de)	misionar (m)	[misionár]
monnik (de)	murg (m)	[murg]
abt (de)	abat (m)	[abát]
rabbi, rabbijn (de)	rabin (m)	[rabín]

vizier (de)	vezir (m)	[vɛzír]
sjah (de)	shah (m)	[ʃah]
sjeik (de)	sheik (m)	[ʃéik]

109. Agrarische beroepen

imker (de)	bletar (m)	[blɛtár]
herder (de)	bari (m)	[barí]
landbouwkundige (de)	agronom (m)	[agronóm]

| veehouder (de) | rritës bagëtish (m) | [rítəs bagətíʃ] |
| dierenarts (de) | veteriner (m) | [vɛtɛrinér] |

landbouwer (de)	fermer (m)	[fɛrmér]
wijnmaker (de)	prodhues verërash (m)	[proðúɛs vérəraʃ]
zoöloog (de)	zoolog (m)	[zoológ]
cowboy (de)	lopar (m)	[lopár]

110. Kunst beroepen

| acteur (de) | aktor (m) | [aktór] |
| actrice (de) | aktore (f) | [aktórɛ] |

| zanger (de) | këngëtar (m) | [kəŋətár] |
| zangeres (de) | këngëtare (f) | [kəŋətárɛ] |

| danser (de) | valltar (m) | [vałtár] |
| danseres (de) | valltare (f) | [vałtárɛ] |

| artiest (mann.) | artist (m) | [artíst] |
| artiest (vrouw.) | artiste (f) | [artístɛ] |

muzikant (de)	muzikant (m)	[muzikánt]
pianist (de)	pianist (m)	[pianíst]
gitarist (de)	kitarist (m)	[kitaríst]

orkestdirigent (de)	dirigjent (m)	[diriɟént]
componist (de)	kompozitor (m)	[kompozitór]
impresario (de)	organizator (m)	[organizatór]

filmregisseur (de)	regjisor (m)	[rɛɟisór]
filmproducent (de)	producent (m)	[produtsént]
scenarioschrijver (de)	skenarist (m)	[skɛnaríst]
criticus (de)	kritik (m)	[kritík]

schrijver (de)	shkrimtar (m)	[ʃkrimtár]
dichter (de)	poet (m)	[poét]
beeldhouwer (de)	skulptor (m)	[skulptór]
kunstenaar (de)	piktor (m)	[piktór]

jongleur (de)	zhongler (m)	[ʒoŋlér]
clown (de)	kloun (m)	[kloún]
acrobaat (de)	akrobat (m)	[akrobát]
goochelaar (de)	magjistar (m)	[maɟistár]

111. Verschillende beroepen

dokter, arts (de)	mjek (m)	[mjék]
ziekenzuster (de)	infermiere (f)	[infɛrmiérɛ]
psychiater (de)	psikiatër (m)	[psikiátər]
tandarts (de)	dentist (m)	[dɛntíst]
chirurg (de)	kirurg (m)	[kirúrg]

astronaut (de)	astronaut (m)	[astronaút]
astronoom (de)	astronom (m)	[astronóm]
piloot (de)	pilot (m)	[pilót]

chauffeur (de)	shofer (m)	[ʃofér]
machinist (de)	makinist (m)	[makiníst]
mecanicien (de)	mekanik (m)	[mɛkaník]

mijnwerker (de)	minator (m)	[minatór]
arbeider (de)	punëtor (m)	[punətór]
bankwerker (de)	bravandreqës (m)	[bravandrécəs]
houtbewerker (de)	marangoz (m)	[maraŋóz]
draaier (de)	tornitor (m)	[tornitór]
bouwvakker (de)	punëtor ndërtimi (m)	[punətór ndərtími]
lasser (de)	saldator (m)	[saldatór]

professor (de)	profesor (m)	[profɛsór]
architect (de)	arkitekt (m)	[arkitékt]
historicus (de)	historian (m)	[historián]
wetenschapper (de)	shkencëtar (m)	[ʃkɛntsətár]
fysicus (de)	fizikant (m)	[fizikánt]
scheikundige (de)	kimist (m)	[kimíst]

archeoloog (de)	arkeolog (m)	[arkɛológ]
geoloog (de)	gjeolog (m)	[ɟɛológ]
onderzoeker (de)	studiues (m)	[studiúɛs]

| babysitter (de) | dado (f) | [dádo] |
| leraar, pedagoog (de) | mësues (m) | [məsúɛs] |

redacteur (de)	redaktor (m)	[rɛdaktór]
chef-redacteur (de)	kryeredaktor (m)	[kryɛrɛdaktór]
correspondent (de)	korrespondent (m)	[korɛspondént]
typiste (de)	daktilografiste (f)	[daktilografístɛ]

designer (de)	projektues (m)	[projɛktúɛs]
computerexpert (de)	ekspert kompjuterësh (m)	[ɛkspért kompjutérəʃ]
programmeur (de)	programues (m)	[programúɛs]
ingenieur (de)	inxhinier (m)	[indʒiniér]

matroos (de)	marinar (m)	[marinár]
zeeman (de)	marinar (m)	[marinár]
redder (de)	shpëtimtar (m)	[ʃpətimtár]

brandweerman (de)	zjarrfikës (m)	[zjarfíkəs]
politieagent (de)	polic (m)	[políts]
nachtwaker (de)	roje (f)	[rójɛ]
detective (de)	detektiv (m)	[dɛtɛktív]

douanier (de)	doganier (m)	[doganiér]
lijfwacht (de)	truprojë (f)	[truprójə]
gevangenisbewaker (de)	gardian burgu (m)	[gardián búrgu]
inspecteur (de)	inspektor (m)	[inspɛktór]

| sportman (de) | sportist (m) | [sportíst] |
| trainer (de) | trajner (m) | [trajnér] |

slager, beenhouwer (de)	kasap (m)	[kasáp]
schoenlapper (de)	këpucëtar (m)	[kəputsətár]
handelaar (de)	tregtar (m)	[trɛgtár]
lader (de)	ngarkues (m)	[ŋarkúɛs]
kledingstilist (de)	stilist (m)	[stilíst]
model (het)	modele (f)	[modélɛ]

112. Beroepen. Sociale status

scholier (de)	nxënës (m)	[ndzénəs]
student (de)	student (m)	[studént]
filosoof (de)	filozof (m)	[filozóf]
econoom (de)	ekonomist (m)	[ɛkonomíst]
uitvinder (de)	shpikës (m)	[ʃpíkəs]
werkloze (de)	i papunë (m)	[i papúnə]
gepensioneerde (de)	pensionist (m)	[pɛnsioníst]
spion (de)	spiun (m)	[spiún]
gedetineerde (de)	i burgosur (m)	[i burgósur]
staker (de)	grevist (m)	[grɛvíst]
bureaucraat (de)	burokrat (m)	[burokrát]
reiziger (de)	udhëtar (m)	[uðətár]
homoseksueel (de)	homoseksual (m)	[homosɛksuál]
hacker (computerkraker)	haker (m)	[hakér]
hippie (de)	hipik (m)	[hipík]
bandiet (de)	bandit (m)	[bandít]
huurmoordenaar (de)	vrasës (m)	[vrásəs]
drugsverslaafde (de)	narkoman (m)	[narkomán]
drugshandelaar (de)	trafikant droge (m)	[trafikánt drógɛ]
prostituee (de)	prostitutë (f)	[prostitútə]
pooier (de)	tutor (m)	[tutór]
tovenaar (de)	magjistar (m)	[maɟistár]
tovenares (de)	shtrigë (f)	[ʃtrígə]
piraat (de)	pirat (m)	[pirát]
slaaf (de)	skllav (m)	[skłav]
samoerai (de)	samurai (m)	[samurái]
wilde (de)	i egër (m)	[i égər]

Sport

113. Soorten sporten. Sporters

sportman (de)	sportist (m)	[sportíst]
soort sport (de/het)	lloj sporti (m)	[łoj spórti]
basketbal (het)	basketboll (m)	[baskɛtbół]
basketbalspeler (de)	basketbollist (m)	[baskɛtbołíst]
baseball (het)	bejsboll (m)	[bɛjsbół]
baseballspeler (de)	lojtar bejsbolli (m)	[lojtár bɛjsbółi]
voetbal (het)	futboll (m)	[futbół]
voetballer (de)	futbollist (m)	[futbołíst]
doelman (de)	portier (m)	[portiér]
hockey (het)	hokej (m)	[hokéj]
hockeyspeler (de)	lojtar hokeji (m)	[lojtár hokéji]
volleybal (het)	volejboll (m)	[volɛjbół]
volleybalspeler (de)	volejbollist (m)	[volɛjbołíst]
boksen (het)	boks (m)	[boks]
bokser (de)	boksier (m)	[boksiér]
worstelen (het)	mundje (f)	[múndjɛ]
worstelaar (de)	mundës (m)	[múndəs]
karate (de)	karate (f)	[karátɛ]
karateka (de)	karateist (m)	[karatɛíst]
judo (de)	xhudo (f)	[dʒúdo]
judoka (de)	xhudist (m)	[dʒudíst]
tennis (het)	tenis (m)	[tɛnís]
tennisspeler (de)	tenist (m)	[tɛníst]
zwemmen (het)	not (m)	[not]
zwemmer (de)	notar (m)	[notár]
schermen (het)	skerma (f)	[skérma]
schermer (de)	skermist (m)	[skɛrmíst]
schaak (het)	shah (m)	[ʃah]
schaker (de)	shahist (m)	[ʃahíst]
alpinisme (het)	alpinizëm (m)	[alpinízəm]
alpinist (de)	alpinist (m)	[alpiníst]
hardlopen (het)	vrapim (m)	[vrapím]

renner (de)	vrapues (m)	[vrapúɛs]
atletiek (de)	atletikë (f)	[atlɛtíkə]
atleet (de)	atlet (m)	[atlét]

| paardensport (de) | kalërim (m) | [kalərím] |
| ruiter (de) | kalorës (m) | [kalórəs] |

kunstschaatsen (het)	patinazh (m)	[patináʒ]
kunstschaatser (de)	patinator (m)	[patinatór]
kunstschaatsster (de)	patinatore (f)	[patinatórɛ]

| gewichtheffen (het) | peshëngritje (f) | [pɛʃəŋrítjɛ] |
| gewichtheffer (de) | peshëngritës (m) | [pɛʃəŋrítəs] |

| autoraces (mv.) | garë me makina (f) | [gárə mɛ makína] |
| coureur (de) | shofer garash (m) | [ʃofér gáraʃ] |

| wielersport (de) | çiklizëm (m) | [tʃiklízəm] |
| wielrenner (de) | çiklist (m) | [tʃiklíst] |

verspringen (het)	kërcim së gjati (m)	[kərtsím sə ɟáti]
polsstokspringen (het)	kërcim së larti (m)	[kərtsím sə lárti]
verspringer (de)	kërcyes (m)	[kərtsýɛs]

114. Soorten sporten. Diversen

Amerikaans voetbal (het)	futboll amerikan (m)	[futbół amɛrikán]
badminton (het)	badminton (m)	[bádminton]
biatlon (de)	biatlon (m)	[biatlón]
biljart (het)	bilardo (f)	[bilárdo]

bobsleeën (het)	bobsled (m)	[bobsléd]
bodybuilding (de)	bodybuilding (m)	[bodybuildíŋ]
waterpolo (het)	vaterpol (m)	[vatɛrpól]
handbal (de)	hendboll (m)	[hɛndbół]
golf (het)	golf (m)	[golf]

roeisport (de)	kanotazh (m)	[kanotáʒ]
duiken (het)	zhytje (f)	[ʒýtjɛ]
langlaufen (het)	skijim nordik (m)	[skijím nordík]
tafeltennis (het)	ping pong (m)	[piŋ póŋ]

zeilen (het)	lundrim me vela (m)	[lundrím mɛ véla]
rally (de)	garë rally (f)	[gárə ráɫy]
rugby (het)	ragbi (m)	[rágbi]
snowboarden (het)	snoubord (m)	[snoubórd]
boogschieten (het)	gjuajtje me hark (f)	[ɟúajtjɛ mɛ hárk]

115. Fitnessruimte

| lange halter (de) | peshë (f) | [péʃə] |
| halters (mv.) | gira (f) | [gíra] |

training machine (de)	makinë trajnimi (f)	[makínǝ trajními]
hometrainer (de)	biçikletë ushtrimesh (f)	[bitʃiklétǝ uʃtrímɛʃ]
loopband (de)	makinë vrapi (f)	[makínǝ vrápi]

rekstok (de)	tra horizontal (m)	[tra horizontál]
brug (de) gelijke leggers	trarë paralele (pl)	[trárǝ paralélɛ]
paardsprong (de)	kaluç (m)	[kalútʃ]
mat (de)	tapet gjimnastike (m)	[tapét ɟimnastíkɛ]

springtouw (het)	litar kërcimi (m)	[litár kǝrtsími]
aerobics (de)	aerobik (m)	[aɛrobík]
yoga (de)	joga (f)	[jóga]

116. Sporten. Diversen

Olympische Spelen (mv.)	Lojërat Olimpike (pl)	[lójǝrat olimpíkɛ]
winnaar (de)	fitues (m)	[fitúɛs]
overwinnen (ww)	duke fituar	[dúkɛ fitúar]
winnen (ww)	fitoj	[fitój]

| leider (de) | lider (m) | [lidér] |
| leiden (ww) | udhëheq | [uðǝhéc] |

eerste plaats (de)	vendi i parë	[véndi i párǝ]
tweede plaats (de)	vendi i dytë	[véndi i dýtǝ]
derde plaats (de)	vendi i tretë	[véndi i trétǝ]

medaille (de)	medalje (f)	[mɛdáljɛ]
trofee (de)	trofe (f)	[trofé]
beker (de)	kupë (f)	[kúpǝ]
prijs (de)	çmim (m)	[tʃmím]
hoofdprijs (de)	çmimi i parë (m)	[tʃmími i párǝ]

| record (het) | rekord (m) | [rɛkórd] |
| een record breken | vendos rekord | [vɛndós rɛkórd] |

| finale (de) | finale | [finálɛ] |
| finale (bn) | finale | [finálɛ] |

| kampioen (de) | kampion (m) | [kampión] |
| kampioenschap (het) | kampionat (m) | [kampionát] |

stadion (het)	stadium (m)	[stadiúm]
tribune (de)	tribunë (f)	[tribúnǝ]
fan, supporter (de)	tifoz (m)	[tifóz]
tegenstander (de)	kundërshtar (m)	[kundǝrʃtár]

| start (de) | start (m) | [start] |
| finish (de) | cak (m) | [tsák] |

nederlaag (de)	humbje (f)	[húmbjɛ]
verliezen (ww)	humb	[húmb]
rechter (de)	arbitër (m)	[arbítǝr]
jury (de)	juri (f)	[jurí]

stand (~ is 3-1)	**rezultat** (m)	[rɛzultát]
gelijkspel (het)	**barazim** (m)	[barazím]
in gelijk spel eindigen	**barazoj**	[barazój]
punt (het)	**pikë** (f)	[píkə]
uitslag (de)	**rezultat** (m)	[rɛzultát]

periode (de)	**pjesë** (f)	[pjésə]
pauze (de)	**pushim** (m)	[puʃím]

doping (de)	**doping** (m)	[dopíŋ]
straffen (ww)	**penalizoj**	[pɛnalizój]
diskwalificeren (ww)	**diskualifikoj**	[diskualifikój]

toestel (het)	**aparat** (m)	[aparát]
speer (de)	**hedhje e shtizës** (f)	[héðjɛ ɛ ʃtízəs]
kogel (de)	**gjyle** (f)	[ɟýlɛ]
bal (de)	**bile** (f)	[bílɛ]

doel (het)	**shënjestër** (f)	[ʃəɲéstər]
schietkaart (de)	**shënjestër** (f)	[ʃəɲéstər]
schieten (ww)	**qëlloj**	[cəɫój]
precies (bijv. precieze schot)	**e saktë**	[ɛ sáktə]

trainer, coach (de)	**trajner** (m)	[trajnér]
trainen (ww)	**stërvit**	[stərvít]
zich trainen (ww)	**stërvitem**	[stərvítɛm]
training (de)	**trajnim** (m)	[trajním]

gymnastiekzaal (de)	**palestër** (f)	[paléstər]
oefening (de)	**ushtrime** (f)	[uʃtrímɛ]
opwarming (de)	**ngrohje** (f)	[ŋróhjɛ]

Onderwijs

117. School

school (de)	shkollë (f)	[ʃkótə]
schooldirecteur (de)	drejtor shkolle (m)	[drɛjtór ʃkótɛ]
leerling (de)	nxënës (m)	[ndzǝ́nǝs]
leerlinge (de)	nxënëse (f)	[ndzǝ́nǝsɛ]
scholier (de)	nxënës (m)	[ndzǝ́nǝs]
scholiere (de)	nxënëse (f)	[ndzǝ́nǝsɛ]
leren (lesgeven)	jap mësim	[jap mǝsím]
studeren (bijv. een taal ~)	mësoj	[mǝsój]
van buiten leren	mësoj përmendësh	[mǝsój pǝrméndǝʃ]
leren (bijv. ~ tellen)	mësoj	[mǝsój]
in school zijn	jam në shkollë	[jam nǝ ʃkótə]
(schooljongen zijn)		
naar school gaan	shkoj në shkollë	[ʃkoj nǝ ʃkótə]
alfabet (het)	alfabet (m)	[alfabét]
vak (schoolvak)	lëndë (f)	[lǝ́ndǝ]
klaslokaal (het)	klasë (f)	[klásǝ]
les (de)	mësim (m)	[mǝsím]
pauze (de)	pushim (m)	[puʃím]
bel (de)	zile e shkollës (f)	[zílɛ ɛ ʃkótǝs]
schooltafel (de)	bankë e shkollës (f)	[bánkǝ ɛ ʃkótǝs]
schoolbord (het)	tabelë e zezë (f)	[tabélǝ ɛ zézǝ]
cijfer (het)	notë (f)	[nótǝ]
goed cijfer (het)	notë e mirë (f)	[nótǝ ɛ mírǝ]
slecht cijfer (het)	notë e keqe (f)	[nótǝ ɛ kécɛ]
een cijfer geven	vendos notë	[vɛndós nótǝ]
fout (de)	gabim (m)	[gabím]
fouten maken	bëj gabime	[bǝj gabímɛ]
corrigeren (fouten ~)	korrigjoj	[koriɲój]
spiekbriefje (het)	kopje (f)	[kópjɛ]
huiswerk (het)	detyrë shtëpie (f)	[dɛtýrǝ ʃtǝpíɛ]
oefening (de)	ushtrim (m)	[uʃtrím]
aanwezig zijn (ww)	jam prezent	[jam prɛzént]
absent zijn (ww)	mungoj	[muɲój]
school verzuimen	mungoj në shkollë	[muɲój nǝ ʃkótə]
bestraffen (een stout kind ~)	ndëshkoj	[ndǝʃkój]
bestraffing (de)	ndëshkim (m)	[ndǝʃkím]

gedrag (het)	sjellje (f)	[sjétʃɛ]
cijferlijst (de)	dëftesë (f)	[dəftésə]
potlood (het)	laps (m)	[láps]
gom (de)	gomë (f)	[gómə]
krijt (het)	shkumës (m)	[ʃkúməs]
pennendoos (de)	portofol lapsash (m)	[portofól lápsaʃ]

boekentas (de)	çantë shkolle (f)	[tʃántə ʃkótɛ]
pen (de)	stilolaps (m)	[stilolâps]
schrift (de)	fletore (f)	[flɛtórɛ]
leerboek (het)	tekst mësimor (m)	[tɛkst məsimór]
passer (de)	kompas (m)	[kompás]

| technisch tekenen (ww) | vizatoj | [vizatój] |
| technische tekening (de) | vizatim teknik (m) | [vizatím tɛkník] |

gedicht (het)	poezi (f)	[poɛzí]
van buiten (bw)	përmendësh	[pərméndəʃ]
van buiten leren	mësoj përmendësh	[məsój pərméndəʃ]

vakantie (de)	pushimet e shkollës (m)	[puʃímɛt ɛ ʃkótəs]
met vakantie zijn	jam me pushime	[jam mɛ puʃímɛ]
vakantie doorbrengen	kaloj pushimet	[kalój puʃímɛt]

toets (schriftelijke ~)	test (m)	[tɛst]
opstel (het)	ese (f)	[ɛsé]
dictee (het)	diktim (m)	[diktím]
examen (het)	provim (m)	[provím]
examen afleggen	kam provim	[kam provím]
experiment (het)	eksperiment (m)	[ɛkspɛrimént]

118. Hogeschool. Universiteit

academie (de)	akademi (f)	[akadɛmí]
universiteit (de)	universitet (m)	[univɛrsitét]
faculteit (de)	fakultet (m)	[fakultét]

student (de)	student (m)	[studént]
studente (de)	studente (f)	[studéntɛ]
leraar (de)	pedagog (m)	[pɛdagóg]

| collegezaal (de) | auditor (m) | [auditór] |
| afgestudeerde (de) | i diplomuar (m) | [i diplomúar] |

| diploma (het) | diplomë (f) | [diplómə] |
| dissertatie (de) | disertacion (m) | [disɛrtatsión] |

| onderzoek (het) | studim (m) | [studím] |
| laboratorium (het) | laborator (m) | [laboratór] |

college (het)	leksion (m)	[lɛksión]
medestudent (de)	shok kursi (m)	[ʃok kúrsi]
studiebeurs (de)	bursë (f)	[búrsə]
academische graad (de)	diplomë akademike (f)	[diplómə akadɛmíkɛ]

119. Wetenschappen. Disciplines

wiskunde (de)	matematikë (f)	[matɛmatíkə]
algebra (de)	algjebër (f)	[alɟébər]
meetkunde (de)	gjeometri (f)	[ɟeomɛtrí]
astronomie (de)	astronomi (f)	[astronomí]
biologie (de)	biologji (f)	[bioloɟí]
geografie (de)	gjeografi (f)	[ɟeografí]
geologie (de)	gjeologji (f)	[ɟeoloɟí]
geschiedenis (de)	histori (f)	[historí]
geneeskunde (de)	mjekësi (f)	[mjɛkəsí]
pedagogiek (de)	pedagogji (f)	[pɛdagoɟí]
rechten (mv.)	drejtësi (f)	[drɛjtəsí]
fysica, natuurkunde (de)	fizikë (f)	[fizíkə]
scheikunde (de)	kimi (f)	[kimí]
filosofie (de)	filozofi (f)	[filozofí]
psychologie (de)	psikologji (f)	[psikoloɟí]

120. Schrift. Spelling

grammatica (de)	gramatikë (f)	[gramatíkə]
vocabulaire (het)	fjalor (m)	[fjalór]
fonetiek (de)	fonetikë (f)	[fonɛtíkə]
zelfstandig naamwoord (het)	emër (m)	[émər]
bijvoeglijk naamwoord (het)	mbiemër (m)	[mbiémər]
werkwoord (het)	folje (f)	[fóljɛ]
bijwoord (het)	ndajfolje (f)	[ndajfóljɛ]
voornaamwoord (het)	përemër (m)	[pərémər]
tussenwerpsel (het)	pasthirrmë (f)	[pasθírmə]
voorzetsel (het)	parafjalë (f)	[parafjálə]
stam (de)	rrënjë (f)	[réɲə]
achtervoegsel (het)	fundore (f)	[fundórɛ]
voorvoegsel (het)	parashtesë (f)	[paraʃtésə]
lettergreep (de)	rrokje (f)	[rókjɛ]
achtervoegsel (het)	prapashtesë (f)	[prapaʃtésə]
nadruk (de)	theks (m)	[θɛks]
afkappingsteken (het)	apostrof (m)	[apostróf]
punt (de)	pikë (f)	[píkə]
komma (de/het)	presje (f)	[présjɛ]
puntkomma (de)	pikëpresje (f)	[pikəprésjɛ]
dubbelpunt (de)	dy pika (f)	[dy píka]
beletselteken (het)	tre pika (f)	[trɛ píka]
vraagteken (het)	pikëpyetje (f)	[pikəpýɛtjɛ]
uitroepteken (het)	pikëçuditje (f)	[pikətʃudítjɛ]

aanhalingstekens (mv.)	thonjëza (f)	[θóɲəza]
tussen aanhalingstekens (bw)	në thonjëza	[nə θóɲəza]
haakjes (mv.)	kllapa (f)	[kɬápa]
tussen haakjes (bw)	brenda kllapave	[brénda kɬápavɛ]

streepje (het)	vizë ndarëse (f)	[vízə ndárəsɛ]
gedachtestreepje (het)	vizë (f)	[vízə]
spatie	hapësirë (f)	[hapəsírə]
(~ tussen twee woorden)		

letter (de)	shkronjë (f)	[ʃkróɲə]
hoofdletter (de)	shkronjë e madhe (f)	[ʃkróɲə ɛ máðɛ]

klinker (de)	zanore (f)	[zanórɛ]
medeklinker (de)	bashkëtingëllore (f)	[baʃkətiŋəɬórɛ]

zin (de)	fjali (f)	[fjalí]
onderwerp (het)	kryefjalë (f)	[kryɛfjálə]
gezegde (het)	kallëzues (m)	[kaɬəzúɛs]

regel (in een tekst)	rresht (m)	[réʃt]
op een nieuwe regel (bw)	rresht i ri	[réʃt i rí]
alinea (de)	paragraf (m)	[paragráf]

woord (het)	fjalë (f)	[fjálə]
woordgroep (de)	grup fjalësh (m)	[grup fjáləʃ]
uitdrukking (de)	shprehje (f)	[ʃpréhjɛ]
synoniem (het)	sinonim (m)	[sinoním]
antoniem (het)	antonim (m)	[antoním]

regel (de)	rregull (m)	[réguɬ]
uitzondering (de)	përjashtim (m)	[pərjaʃtím]
correct (bijv. ~e spelling)	saktë	[sáktə]

vervoeging, conjugatie (de)	lakim (m)	[lakím]
verbuiging, declinatie (de)	rasë	[rásə]
naamval (de)	rasë emërore (f)	[rásə ɛmərórɛ]
vraag (de)	pyetje (f)	[pýɛtjɛ]
onderstrepen (ww)	nënvijëzoj	[nənvijəzój]
stippellijn (de)	vijë me ndërprerje (f)	[víjə mɛ ndərprérjɛ]

121. Vreemde talen

taal (de)	gjuhë (f)	[ɟúhə]
vreemd (bn)	huaj	[húaj]
vreemde taal (de)	gjuhë e huaj (f)	[ɟúhə ɛ húaj]
leren (bijv. van buiten ~)	studioj	[studiój]
studeren (Nederlands ~)	mësoj	[məsój]

lezen (ww)	lexoj	[lɛdzój]
spreken (ww)	flas	[flas]
begrijpen (ww)	kuptoj	[kuptój]
schrijven (ww)	shkruaj	[ʃkrúaj]
snel (bw)	shpejt	[ʃpɛjt]

| langzaam (bw) | ngadalë | [ŋadálə] |
| vloeiend (bw) | rrjedhshëm | [rjéðʃəm] |

regels (mv.)	rregullat (pl)	[réguɫat]
grammatica (de)	gramatikë (f)	[gramatíkə]
vocabulaire (het)	fjalor (m)	[fjalór]
fonetiek (de)	fonetikë (f)	[fonɛtíkə]

leerboek (het)	tekst mësimor (m)	[tɛkst məsimór]
woordenboek (het)	fjalor (m)	[fjalór]
leerboek (het) voor zelfstudie	libër i mësimit autodidakt (m)	[líbər i məsímit autodidákt]
taalgids (de)	libër frazeologjik (m)	[líbər frazɛoloɟík]

cassette (de)	kasetë (f)	[kasétə]
videocassette (de)	videokasetë (f)	[vidɛokasétə]
CD (de)	CD (f)	[tsɛdé]
DVD (de)	DVD (m)	[dividí]

alfabet (het)	alfabet (m)	[alfabét]
spellen (ww)	gërmëzoj	[gərməzój]
uitspraak (de)	shqiptim (m)	[ʃciptím]

accent (het)	aksent (m)	[aksént]
met een accent (bw)	me aksent	[mɛ aksént]
zonder accent (bw)	pa aksent	[pa aksént]

| woord (het) | fjalë (f) | [fjálə] |
| betekenis (de) | kuptim (m) | [kuptím] |

cursus (de)	kurs (m)	[kurs]
zich inschrijven (ww)	regjistrohem	[rɛɟistróhɛm]
leraar (de)	mësues (m)	[məsúɛs]

vertaling (een ~ maken)	përkthim (m)	[pərkθím]
vertaling (tekst)	përkthim (m)	[pərkθím]
vertaler (de)	përkthyes (m)	[pərkθýɛs]
tolk (de)	përkthyes (m)	[pərkθýɛs]

| polyglot (de) | poliglot (m) | [poliglót] |
| geheugen (het) | kujtesë (f) | [kujtésə] |

122. Sprookjesfiguren

Sinterklaas (de)	Santa Klaus (m)	[sánta kláus]
Assepoester (de)	Hirushja (f)	[hirúʃja]
zeemeermin (de)	sirenë (f)	[sirénə]
Neptunus (de)	Neptuni (m)	[nɛptúni]

magiër, tovenaar (de)	magjistar (m)	[maɟistár]
goede heks (de)	zanë (f)	[zánə]
magisch (bn)	magjike	[maɟíkɛ]
toverstokje (het)	shkop magjik (m)	[ʃkop maɟík]
sprookje (het)	përrallë (f)	[pəráɫə]

wonder (het)	mrekulli (f)	[mrɛkutí]
dwerg (de)	xhuxh (m)	[dʒudʒ]
veranderen in ... (anders worden)	shndërrohem ...	[ʃndəróhɛm ...]

geest (de)	fantazmë (f)	[fantázmə]
spook (het)	fantazmë (f)	[fantázmə]
monster (het)	bishë (f)	[bíʃə]
draak (de)	dragua (m)	[dragúa]
reus (de)	gjigant (m)	[ɟigánt]

123. Dierenriem

Ram (de)	Dashi (m)	[dáʃi]
Stier (de)	Demi (m)	[démi]
Tweelingen (mv.)	Binjakët (pl)	[biɲákət]
Kreeft (de)	Gaforrja (f)	[gafórja]
Leeuw (de)	Luani (m)	[luáni]
Maagd (de)	Virgjëresha (f)	[virɟəréʃa]

Weegschaal (de)	Peshorja (f)	[pɛʃórja]
Schorpioen (de)	Akrepi (m)	[akrépi]
Boogschutter (de)	Shigjetari (m)	[ʃɪɟɛtári]
Steenbok (de)	Bricjapi (m)	[britsjápi]
Waterman (de)	Ujori (m)	[ujóri]
Vissen (mv.)	Peshqit (pl)	[péʃcit]

karakter (het)	karakter (m)	[karaktér]
karaktertrekken (mv.)	tipare të karakterit (pl)	[tipárɛ tə karaktérit]
gedrag (het)	sjellje (f)	[sjétjɛ]
waarzeggen (ww)	parashikoj fatin	[paraʃikój fátin]
waarzegster (de)	lexuese e fatit (f)	[lɛdzúɛsɛ ɛ fátit]
horoscoop (de)	horoskop (m)	[horoskóp]

Kunst

124. Theater

theater (het)	teatër (m)	[tɛátər]
opera (de)	operë (f)	[opérə]
operette (de)	operetë (f)	[opɛrétə]
ballet (het)	balet (m)	[balét]
affiche (de/het)	afishe teatri (f)	[afíʃɛ tɛátri]
theatergezelschap (het)	trupë teatrale (f)	[trúpə tɛatrálɛ]
tournee (de)	turne (f)	[turné]
op tournee zijn	jam në turne	[jam nə turné]
repeteren (ww)	bëj prova	[bəj próva]
repetitie (de)	provë (f)	[próvə]
repertoire (het)	repertor (m)	[rɛpɛrtór]
voorstelling (de)	shfaqje (f)	[ʃfácjɛ]
spektakel (het)	shfaqje teatrale (f)	[ʃfácjɛ tɛatrálɛ]
toneelstuk (het)	dramë (f)	[drámə]
biljet (het)	biletë (f)	[bilétə]
kassa (de)	zyrë e shitjeve të biletave (f)	[zýrə ɛ ʃítjɛvɛ tə bilétavɛ]
foyer (de)	holl (m)	[hoɫ]
garderobe (de)	dhoma e xhaketave (f)	[ðóma ɛ dʒakétavɛ]
garderobe nummer (het)	numri i xhaketës (m)	[númri i dʒakétəs]
verrekijker (de)	dylbi (f)	[dylbí]
plaatsaanwijzer (de)	portier (m)	[portiér]
parterre (de)	plato (f)	[plató]
balkon (het)	ballkon (m)	[baɫkón]
gouden rang (de)	galeria e parë (f)	[galɛría ɛ párə]
loge (de)	lozhë (f)	[lóʒə]
rij (de)	rresht (m)	[réʃt]
plaats (de)	karrige (f)	[karígɛ]
publiek (het)	publiku (m)	[publíku]
kijker (de)	spektator (m)	[spɛktatór]
klappen (ww)	duartrokas	[duartrokás]
applaus (het)	duartrokitje (f)	[duartrokítjɛ]
ovatie (de)	brohoritje (f)	[brohorítjɛ]
toneel (op het ~ staan)	skenë (f)	[skénə]
gordijn, doek (het)	perde (f)	[pérdɛ]
toneeldecor (het)	skenografi (f)	[skɛnografí]
backstage (de)	prapaskenë (f)	[prapaskénə]
scène (de)	skenë (f)	[skénə]
bedrijf (het)	akt (m)	[ákt]
pauze (de)	pushim (m)	[puʃím]

125. Bioscoop

acteur (de)	aktor (m)	[aktór]
actrice (de)	aktore (f)	[aktórɛ]
bioscoop (de)	kinema (f)	[kinɛmá]
speelfilm (de)	film (m)	[film]
aflevering (de)	episod (m)	[ɛpisód]
detectivefilm (de)	triller (m)	[tri†ér]
actiefilm (de)	aksion (m)	[aksión]
avonturenfilm (de)	aventurë (f)	[avɛntúrə]
sciencefictionfilm (de)	fanta-shkencë (f)	[fánta-ʃkéntsə]
griezelfilm (de)	film horror (m)	[fílm horór]
komedie (de)	komedi (f)	[komɛdí]
melodrama (het)	melodramë (f)	[mɛlodrámə]
drama (het)	dramë (f)	[drámə]
speelfilm (de)	film fiktiv (m)	[fílm fiktív]
documentaire (de)	dokumentar (m)	[dokumɛntár]
tekenfilm (de)	film vizatimor (m)	[fílm vizatimór]
stomme film (de)	filma pa zë (m)	[fílma pa zə]
rol (de)	rol (m)	[rol]
hoofdrol (de)	rol kryesor (m)	[rol kryɛsór]
spelen (ww)	luaj	[lúaj]
filmster (de)	yll kinemaje (m)	[y† kinɛmájɛ]
bekend (bn)	i njohur	[i ɲóhur]
beroemd (bn)	i famshëm	[i fámʃəm]
populair (bn)	popullor	[popu†ór]
scenario (het)	skenar (m)	[skɛnár]
scenarioschrijver (de)	skenarist (m)	[skɛnaríst]
regisseur (de)	regjisor (m)	[rɛɟisór]
filmproducent (de)	producent (m)	[produtsént]
assistent (de)	ndihmës (m)	[ndíhməs]
cameraman (de)	kameraman (m)	[kamɛramán]
stuntman (de)	dubla (f)	[dúbla]
stuntdubbel (de)	dubla (f)	[dúbla]
een film maken	xhiroj film	[dʒirój film]
auditie (de)	provë (f)	[próvə]
opnamen (mv.)	xhirim (m)	[dʒirím]
filmploeg (de)	ekip kinematografik (m)	[ɛkíp kinɛmatografík]
filmset (de)	set kinematografik (m)	[sɛt kinɛmatografík]
filmcamera (de)	kamerë (f)	[kamérə]
bioscoop (de)	kinema (f)	[kinɛmá]
scherm (het)	ekran (m)	[ɛkrán]
een film vertonen	shfaq film	[ʃfac film]
geluidsspoor (de)	muzikë e filmit (f)	[muzíkə ɛ filmit]
speciale effecten (mv.)	efekte speciale (pl)	[ɛféktɛ spɛtsiálɛ]

ondertiteling (de)	titra (pl)	[títra]
voortiteling, aftiteling (de)	lista e pjesëmarrësve (f)	[lísta ɛ pjɛsəmárəsvɛ]
vertaling (de)	përkthim (m)	[pərkθím]

126. Schilderij

kunst (de)	art (m)	[art]
schone kunsten (mv.)	artet e bukura (pl)	[ártɛt ɛ búkura]
kunstgalerie (de)	galeri arti (f)	[galɛrí árti]
kunsttentoonstelling (de)	ekspozitë (f)	[ɛkspozítə]

schilderkunst (de)	pikturë (f)	[piktúrə]
grafiek (de)	art grafik (m)	[árt grafík]
abstracte kunst (de)	art abstrakt (m)	[árt abstrákt]
impressionisme (het)	impresionizëm (m)	[imprɛsionízəm]

schilderij (het)	pikturë (f)	[piktúrə]
tekening (de)	vizatim (m)	[vizatím]
poster (de)	poster (m)	[postér]

illustratie (de)	ilustrim (m)	[ilustrím]
miniatuur (de)	miniaturë (f)	[miniatúrə]
kopie (de)	kopje (f)	[kópjɛ]
reproductie (de)	riprodhim (m)	[riproðím]

mozaïek (het)	mozaik (m)	[mozaík]
gebrandschilderd glas (het)	pikturë në dritare (f)	[piktúrə nə dritárɛ]
fresco (het)	afresk (m)	[afrésk]
gravure (de)	gravurë (f)	[gravúrə]

buste (de)	bust (m)	[búst]
beeldhouwwerk (het)	skulpturë (f)	[skulptúrə]
beeld (bronzen ~)	statujë (f)	[statújə]
gips (het)	allçi (f)	[aɫtʃí]
gipsen (bn)	me allçi	[mɛ aɫtʃí]

portret (het)	portret (m)	[portrét]
zelfportret (het)	autoportret (m)	[autoportrét]
landschap (het)	peizazh (m)	[pɛizáʒ]
stilleven (het)	natyrë e qetë (f)	[natýrə ɛ cétə]
karikatuur (de)	karikaturë (f)	[karikatúrə]
schets (de)	skicë (f)	[skítsə]

verf (de)	bojë (f)	[bójə]
aquarel (de)	bojë uji (f)	[bójə úji]
olieverf (de)	bojë vaji (f)	[bójə váji]
potlood (het)	laps (m)	[láps]
Oost-Indische inkt (de)	bojë stilografi (f)	[bójə stilográfi]
houtskool (de)	karbon (m)	[karbón]

tekenen (met krijt)	vizatoj	[vizatój]
schilderen (ww)	pikturoj	[pikturój]
poseren (ww)	pozoj	[pozój]
naaktmodel (man)	model (m)	[modél]

naaktmodel (vrouw)	modele (f)	[modélɛ]
kunstenaar (de)	piktor (m)	[piktór]
kunstwerk (het)	vepër arti (f)	[vépər árti]
meesterwerk (het)	kryevepër (f)	[kryɛvépər]
studio, werkruimte (de)	studio (f)	[stúdio]
schildersdoek (het)	kanavacë (f)	[kanavátsə]
schildersezel (de)	këmbalec (m)	[kəmbaléts]
palet (het)	paletë (f)	[palétə]
lijst (een vergulde ~)	kornizë (f)	[kornízə]
restauratie (de)	restaurim (m)	[rɛstaurím]
restaureren (ww)	restauroj	[rɛstaurój]

127. Literatuur & Poëzie

literatuur (de)	letërsi (f)	[lɛtərsí]
auteur (de)	autor (m)	[autór]
pseudoniem (het)	pseudonim (m)	[psɛudoním]
boek (het)	libër (m)	[líbər]
boekdeel (het)	vëllim (m)	[vətím]
inhoudsopgave (de)	tabela e përmbajtjes (f)	[tabéla ɛ pərmbájtjɛs]
pagina (de)	faqe (f)	[fácɛ]
hoofdpersoon (de)	personazhi kryesor (m)	[pɛrsonáʒi kryɛsór]
handtekening (de)	autograf (m)	[autográf]
verhaal (het)	tregim i shkurtër (m)	[trɛgím i ʃkúrtər]
novelle (de)	novelë (f)	[novélə]
roman (de)	roman (m)	[román]
werk (literatuur)	vepër (m)	[vépər]
fabel (de)	fabula (f)	[fábula]
detectiveroman (de)	roman policesk (m)	[román politsésk]
gedicht (het)	vjershë (f)	[vjérʃə]
poëzie (de)	poezi (f)	[poɛzí]
epos (het)	poemë (f)	[poémə]
dichter (de)	poet (m)	[poét]
fictie (de)	trillim (m)	[triłím]
sciencefiction (de)	fanta-shkencë (f)	[fánta-ʃkéntsə]
avonturenroman (de)	aventurë (f)	[avɛntúrə]
opvoedkundige literatuur (de)	letërsi edukative (f)	[lɛtərsí ɛdukatívɛ]
kinderliteratuur (de)	letërsi për fëmijë (f)	[lɛtərsí pər fəmíjə]

128. Circus

circus (de/het)	cirk (m)	[tsírk]
chapiteau circus (de/het)	cirk udhëtues (m)	[tsírk uðətúɛs]
programma (het)	program (m)	[prográm]
voorstelling (de)	shfaqje (f)	[ʃfácjɛ]
nummer (circus ~)	akt (m)	[ákt]

arena (de)	arenë cirku (f)	[aɾénə tsírku]
pantomime (de)	pantomimë (f)	[pantomímə]
clown (de)	kloun (m)	[kloún]

acrobaat (de)	akrobat (m)	[akrobát]
acrobatiek (de)	akrobaci (f)	[akrobatsí]
gymnast (de)	gjimnast (m)	[ɟimnást]
gymnastiek (de)	gjimnastikë (f)	[ɟimnastíkə]
salto (de)	salto (f)	[sálto]

sterke man (de)	atlet (m)	[atlét]
temmer (de)	zbutës (m)	[zbútəs]
ruiter (de)	kalorës (m)	[kalórəs]
assistent (de)	ndihmës (m)	[ndíhməs]

stunt (de)	akrobaci (f)	[akrobatsí]
goocheltruc (de)	truk magjik (m)	[truk maɟík]
goochelaar (de)	magjistar (m)	[maɟistár]

jongleur (de)	zhongler (m)	[ʒoŋlér]
jongleren (ww)	luaj	[lúaj]
dierentrainer (de)	zbutës kafshësh (m)	[zbútəs káfʃəʃ]
dressuur (de)	zbutje kafshësh (f)	[zbútjɛ káfʃəʃ]
dresseren (ww)	stërvit	[stərvít]

129. Muziek. Popmuziek

muziek (de)	muzikë (f)	[muzíkə]
muzikant (de)	muzikant (m)	[muzikánt]
muziekinstrument (het)	instrument muzikor (m)	[instrumént muzikór]
spelen (bijv. gitaar ~)	i bie ...	[i bíɛ ...]

gitaar (de)	kitarë (f)	[kitárə]
viool (de)	violinë (f)	[violínə]
cello (de)	violonçel (m)	[violontʃél]
contrabas (de)	kontrabas (m)	[kontrabás]
harp (de)	lira (f)	[líra]

piano (de)	piano (f)	[piáno]
vleugel (de)	pianoforte (f)	[pianofórtɛ]
orgel (het)	organo (f)	[orgáno]

blaasinstrumenten (mv.)	instrumente frymore (pl)	[instrumɛ́ntɛ fɾymórɛ]
hobo (de)	oboe (f)	[obóɛ]
saxofoon (de)	saksofon (m)	[saksofón]
klarinet (de)	klarinetë (f)	[klarinétə]
fluit (de)	flaut (m)	[flaút]
trompet (de)	trombë (f)	[trómbə]

| accordeon (de/het) | fizarmonikë (f) | [fizarmoníkə] |
| trommel (de) | daulle (f) | [daúɫɛ] |

| duet (het) | duet (m) | [duét] |
| trio (het) | trio (f) | [trío] |

kwartet (het)	kuartet (m)	[kuaɾtét]
koor (het)	kor (m)	[koɾ]
orkest (het)	orkestër (f)	[orkéstər]

popmuziek (de)	muzikë pop (f)	[muzíkə pop]
rockmuziek (de)	muzikë rok (m)	[muzíkə rok]
rockgroep (de)	grup rok (m)	[grup rók]
jazz (de)	xhaz (m)	[dʒaz]

idool (het)	idhull (m)	[íðuɫ]
bewonderaar (de)	admirues (m)	[admiɾúɛs]

concert (het)	koncert (m)	[kontsért]
symfonie (de)	simfoni (f)	[simfoní]
compositie (de)	kompozicion (m)	[kompozitsión]
componeren (muziek ~)	kompozoj	[kompozój]

zang (de)	këndim (m)	[kəndím]
lied (het)	këngë (f)	[kéŋə]
melodie (de)	melodi (f)	[mɛlodí]
ritme (het)	ritëm (m)	[rítəm]
blues (de)	bluz (m)	[blúz]

bladmuziek (de)	partiturë (f)	[partitúrə]
dirigeerstok (baton)	shkopi i dirigjimit (m)	[ʃkopi i diriɟímit]
strijkstok (de)	hark (m)	[háɾk]
snaar (de)	tel (m)	[tɛl]
koffer (de)	kuti (f)	[kutí]

Rusten. Entertainment. Reizen

130. Trip. Reizen

toerisme (het)	**turizëm** (m)	[turízəm]
toerist (de)	**turist** (m)	[turíst]
reis (de)	**udhëtim** (m)	[uðətím]
avontuur (het)	**aventurë** (f)	[avɛntúrə]
tocht (de)	**udhëtim** (m)	[uðətím]
vakantie (de)	**pushim** (m)	[puʃím]
met vakantie zijn	**jam me pushime**	[jam mɛ puʃímɛ]
rust (de)	**pushim** (m)	[puʃím]
trein (de)	**tren** (m)	[trɛn]
met de trein	**me tren**	[mɛ trén]
vliegtuig (het)	**avion** (m)	[avión]
met het vliegtuig	**me avion**	[mɛ avión]
met de auto	**me makinë**	[mɛ makínə]
per schip (bw)	**me anije**	[mɛ aníjɛ]
bagage (de)	**bagazh** (m)	[bagáʒ]
valies (de)	**valixhe** (f)	[valídʒɛ]
bagagekarretje (het)	**karrocë bagazhesh** (f)	[karótsə bagáʒɛʃ]
paspoort (het)	**pasaportë** (f)	[pasapórtə]
visum (het)	**vizë** (f)	[vízə]
kaartje (het)	**biletë** (f)	[bilétə]
vliegticket (het)	**biletë avioni** (f)	[bilétə avióni]
reisgids (de)	**guidë turistike** (f)	[guídə turistíkɛ]
kaart (de)	**hartë** (f)	[hártə]
gebied (landelijk ~)	**zonë** (f)	[zónə]
plaats (de)	**vend** (m)	[vɛnd]
exotische bestemming (de)	**ekzotikë** (f)	[ɛkzotíkə]
exotisch (bn)	**ekzotik**	[ɛkzotík]
verwonderlijk (bn)	**mahnitëse**	[mahnítəsɛ]
groep (de)	**grup** (m)	[grup]
rondleiding (de)	**ekskursion** (m)	[ɛkskursión]
gids (de)	**udhërrëfyes** (m)	[uðərəfýɛs]

131. Hotel

motel (het)	**motel** (m)	[motél]
3-sterren	**me tre yje**	[mɛ trɛ ýjɛ]
5-sterren	**me pesë yje**	[mɛ pésə ýjɛ]

overnachten (ww)	qëndroj	[cəndrój]
kamer (de)	dhomë (f)	[ðómə]
eenpersoonskamer (de)	dhomë teke (f)	[ðómə tékɛ]
tweepersoonskamer (de)	dhomë dyshe (f)	[ðómə dýʃɛ]
een kamer reserveren	rezervoj një dhomë	[rɛzɛrvój ɲə ðómə]

| halfpension (het) | gjysmë-pension (m) | [ɟýsmə-pɛnsión] |
| volpension (het) | pension i plotë (m) | [pɛnsión i plótə] |

met badkamer	me banjo	[mɛ báɲo]
met douche	me dush	[mɛ dúʃ]
satelliet-tv (de)	televizor satelitor (m)	[tɛlɛvizór satɛlitór]
airconditioner (de)	kondicioner (m)	[konditsionér]
handdoek (de)	peshqir (m)	[pɛʃcír]
sleutel (de)	çelës (m)	[tʃéləs]

administrateur (de)	administrator (m)	[administratór]
kamermeisje (het)	pastruese (f)	[pastrúɛsɛ]
piccolo (de)	portier (m)	[portiér]
portier (de)	portier (m)	[portiér]

restaurant (het)	restorant (m)	[rɛstoránt]
bar (de)	pab (m), pijetore (f)	[pab], [pijɛtórɛ]
ontbijt (het)	mëngjes (m)	[mənɟés]
avondeten (het)	darkë (f)	[dárkə]
buffet (het)	bufe (f)	[bufé]

| hal (de) | holl (m) | [hoɫ] |
| lift (de) | ashensor (m) | [aʃɛnsór] |

| NIET STOREN | **MOS SHQETËSONI** | [mos ʃcɛtəsóni] |
| VERBODEN TE ROKEN! | **NDALOHET DUHANI** | [ndalóhɛt duháni] |

132. Boeken. Lezen

boek (het)	libër (m)	[líbər]
auteur (de)	autor (m)	[autór]
schrijver (de)	shkrimtar (m)	[ʃkrimtár]
schrijven (een boek)	shkruaj	[ʃkrúaj]

lezer (de)	lexues (m)	[lɛdzúɛs]
lezen (ww)	lexoj	[lɛdzój]
lezen (het)	lexim (m)	[lɛdzím]

| stil (~ lezen) | pa zë | [pa zə] |
| hardop (~ lezen) | me zë | [mɛ zə] |

uitgeven (boek ~)	botoj	[botój]
uitgeven (het)	botim (m)	[botím]
uitgever (de)	botues (m)	[botúɛs]
uitgeverij (de)	shtëpi botuese (f)	[ʃtəpí botúɛsɛ]

| verschijnen (bijv. boek) | botohet | [botóhɛt] |
| verschijnen (het) | botim (m) | [botím] |

oplage (de)	edicion (m)	[ɛditsión]
boekhandel (de)	librari (f)	[librarí]
bibliotheek (de)	bibliotekë (f)	[bibliotékə]

novelle (de)	novelë (f)	[novélə]
verhaal (het)	tregim i shkurtër (m)	[trɛgím i ʃkúrtər]
roman (de)	roman (m)	[román]
detectiveroman (de)	roman policesk (m)	[román politsésk]

memoires (mv.)	kujtime (pl)	[kujtímɛ]
legende (de)	legjendë (f)	[lɛɟéndə]
mythe (de)	mit (m)	[mit]

gedichten (mv.)	poezi (f)	[poɛzí]
autobiografie (de)	autobiografi (f)	[autobiografí]
bloemlezing (de)	vepra të zgjedhura (f)	[vépra tə zɟéðura]
sciencefiction (de)	fanta-shkencë (f)	[fánta-ʃkéntsə]
naam (de)	titull (m)	[títuɫ]
inleiding (de)	hyrje (f)	[hýrjɛ]
voorblad (het)	faqe e titullit (f)	[fácɛ ɛ títuɫit]

hoofdstuk (het)	kreu (m)	[kréu]
fragment (het)	ekstrakt (m)	[ɛkstrákt]
episode (de)	episod (m)	[ɛpisód]

intrige (de)	fabul (f)	[fábul]
inhoud (de)	përmbajtje (f)	[pərmbájtjɛ]
inhoudsopgave (de)	tabela e përmbajtjes (f)	[tabéla ɛ pərmbájtjɛs]
hoofdpersonage (het)	personazhi kryesor (m)	[pɛrsonáʒi kryɛsór]

boekdeel (het)	vëllim (m)	[vəɫím]
omslag (de/het)	kopertinë (f)	[kopɛrtínə]
boekband (de)	libërlidhje (f)	[libərlíðjɛ]
bladwijzer (de)	shënjim (m)	[ʃəɲím]

pagina (de)	faqe (f)	[fácɛ]
bladeren (ww)	kaloj faqet	[kalój fácɛt]
marges (mv.)	margjinat (pl)	[marɟínat]
annotatie (de)	shënim (m)	[ʃəním]
opmerking (de)	fusnotë (f)	[fusnótə]

tekst (de)	tekst (m)	[tɛkst]
lettertype (het)	lloji i shkrimit (m)	[ɫóji i ʃkrímit]
drukfout (de)	gabim ortografik (m)	[gabím ortografík]

vertaling (de)	përkthim (m)	[pərkθím]
vertalen (ww)	përkthej	[pərkθéj]
origineel (het)	origjinal (m)	[oriɟinál]

beroemd (bn)	i famshëm	[i fámʃəm]
onbekend (bn)	i panjohur	[i paɲóhur]
interessant (bn)	interesant	[intɛrɛsánt]
bestseller (de)	libër më i shitur (m)	[líbər mə i ʃítur]
woordenboek (het)	fjalor (m)	[fjalór]
leerboek (het)	tekst mësimor (m)	[tɛkst məsimór]
encyclopedie (de)	enciklopedi (f)	[ɛntsiklopɛdí]

133. Jacht. Vissen

jacht (de)	gjueti (f)	[ɟuɛtí]
jagen (ww)	dal për gjah	[dál pər ɟáh]
jager (de)	gjahtar (m)	[ɟahtár]

schieten (ww)	qëlloj	[cəɫój]
geweer (het)	pushkë (f)	[púʃkə]
patroon (de)	fishek (m)	[fiʃék]
hagel (de)	plumb (m)	[plúmb]

val (de)	grackë (f)	[grátskə]
valstrik (de)	kurth (m)	[kurθ]
in de val trappen	bie në grackë	[bíɛ nə grátskə]
een val zetten	ngre grackë	[ŋré grátskə]

stroper (de)	gjahtar i jashtëligjshëm (m)	[ɟahtár i jaʃtəlíɟʃəm]
wild (het)	gjah (m)	[ɟáh]
jachthond (de)	zagar (m)	[zagár]
safari (de)	safari (m)	[safári]
opgezet dier (het)	kafshë e balsamosur (f)	[káfʃə ɛ balsamósur]

visser (de)	peshkatar (m)	[pɛʃkatár]
visvangst (de)	peshkim (m)	[pɛʃkím]
vissen (ww)	peshkoj	[pɛʃkój]

hengel (de)	kallam peshkimi (m)	[kaɫám pɛʃkími]
vislijn (de)	tojë peshkimi (f)	[tójə pɛʃkími]
haak (de)	grep (m)	[grép]
dobber (de)	tapë (f)	[tápə]
aas (het)	karrem (m)	[karém]

de hengel uitwerpen	hedh grepin	[hɛð grépin]
bijten (ov. de vissen)	bie në grep	[bíɛ nə grép]
vangst (de)	kapje peshku (f)	[kápjɛ péʃku]
wak (het)	vrimë në akull (f)	[vrímə nə ákuɫ]

net (het)	rrjetë peshkimi (f)	[rjétə pɛʃkími]
boot (de)	varkë (f)	[várkə]
vissen met netten	peshkoj me rrjeta	[pɛʃkój mɛ rjéta]
het net uitwerpen	hedh rrjetat	[hɛð rjétat]
het net binnenhalen	tërheq rrjetat	[tərhéc rjétat]
in het net vallen	bie në rrjetë	[bíɛ nə rjétə]

walvisvangst (de)	gjuetar balenash (m)	[ɟuɛtár balénaʃ]
walvisvaarder (de)	balenagjuajtëse (f)	[balɛnaɟúajtəsɛ]
harpoen (de)	fuzhnjë (f)	[fúʒɲə]

134. Spellen. Biljart

biljart (het)	bilardo (f)	[bilárdo]
biljartzaal (de)	sallë bilardosh (f)	[sáɫə bilárdoʃ]
biljartbal (de)	bile (f)	[bílɛ]

een bal in het gat jagen	fus në vrimë	[fús nə vrímə]
keu (de)	stekë (f)	[stékə]
gat (het)	xhep (m), vrimë (f)	[dʒɛp], [vrímə]

135. Spellen. Speelkaarten

ruiten (mv.)	karo (f)	[káro]
schoppen (mv.)	maç (m)	[matʃ]
klaveren (mv.)	kupë (f)	[kúpə]
harten (mv.)	spathi (m)	[spáθi]

aas (de)	as (m)	[ás]
koning (de)	mbret (m)	[mbrét]
dame (de)	mbretëreshë (f)	[mbrɛtəréʃə]
boer (de)	fant (m)	[fant]

speelkaart (de)	letër (f)	[létər]
kaarten (mv.)	letrat (pl)	[létrat]
troef (de)	letër e fortë (f)	[létər ɛ fórtə]
pak (het) kaarten	set letrash (m)	[sɛt létraʃ]

punt (bijv. vijftig ~en)	pikë (f)	[píkə]
uitdelen (kaarten ~)	ndaj	[ndáj]
schudden (de kaarten ~)	përziej	[pərzíɛj]
beurt (de)	radha (f)	[ráða]
valsspeler (de)	mashtrues (m)	[maʃtrúɛs]

136. Rusten. Spellen. Diversen

wandelen (on.ww.)	shëtitem	[ʃətítɛm]
wandeling (de)	shëtitje (f)	[ʃətítjɛ]
trip (per auto)	xhiro me makinë (f)	[dʒíro mɛ makínə]
avontuur (het)	aventurë (f)	[avɛntúrə]
picknick (de)	piknik (m)	[pikník]

spel (het)	lojë (f)	[lójə]
speler (de)	lojtar (m)	[lojtár]
partij (de)	një lojë (f)	[ɲə lójə]

collectioneur (de)	koleksionist (m)	[kolɛksioníst]
collectioneren (ww)	koleksionoj	[kolɛksionój]
collectie (de)	koleksion (m)	[kolɛksión]

kruiswoordraadsel (het)	fjalëkryq (m)	[fjaləkrýc]
hippodroom (de)	hipodrom (m)	[hipodróm]
discotheek (de)	disko (f)	[dísko]

| sauna (de) | sauna (f) | [saúna] |
| loterij (de) | lotari (f) | [lotarí] |

| trektocht (kampeertocht) | kamping (m) | [kampíŋ] |
| kamp (het) | kamp (m) | [kamp] |

tent (de)	çadër kampingu (f)	[tʃádər kampíŋu]
kompas (het)	kompas (m)	[kompás]
rugzaktoerist (de)	kampinist (m)	[kampiníst]

bekijken (een film ~)	shikoj	[ʃikój]
kijker (televisie~)	teleshikues (m)	[tɛlɛʃikúɛs]
televisie-uitzending (de)	program televiziv (m)	[prográm tɛlɛvizív]

137. Fotografie

| fotocamera (de) | aparat fotografik (m) | [aparát fotografík] |
| foto (de) | foto (f) | [fóto] |

fotograaf (de)	fotograf (m)	[fotográf]
fotostudio (de)	studio fotografike (f)	[stúdio fotografíkɛ]
fotoalbum (het)	album fotografik (m)	[albúm fotografík]

lens (de), objectief (het)	objektiv (m)	[objɛktív]
telelens (de)	teleobjektiv (m)	[tɛlɛobjɛktív]
filter (de/het)	filtër (m)	[fíltər]
lens (de)	lente (f)	[léntɛ]

optiek (de)	optikë (f)	[optíkə]
diafragma (het)	diafragma (f)	[diafrágma]
belichtingstijd (de)	koha e ekspozimit (f)	[kóha ɛ ɛkspozímit]
zoeker (de)	tregues i kuadrit (m)	[trɛgúɛs i kuádrit]

digitale camera (de)	kamerë digjitale (f)	[kamérə diɟitálɛ]
statief (het)	tripod (m)	[tripód]
flits (de)	blic (m)	[blits]
fotograferen (ww)	fotografoj	[fotografój]
foto's maken	bëj foto	[bəj fóto]
zich laten fotograferen	bëj fotografi	[bəj fotografí]

focus (de)	fokus (m)	[fokús]
scherpstellen (ww)	fokusoj	[fokusój]
scherp (bn)	i qartë	[i cártə]
scherpte (de)	qartësi (f)	[cartəsí]

| contrast (het) | kontrast (m) | [kontrást] |
| contrastrijk (bn) | me kontrast | [mɛ kontrást] |

kiekje (het)	foto (f)	[fóto]
negatief (het)	negativ (m)	[nɛgatív]
filmpje (het)	film negativash (m)	[fílm nɛgatívaʃ]
beeld (frame)	imazh (m)	[imáʒ]
afdrukken (foto's ~)	printoj	[printój]

138. Strand. Zwemmen

| strand (het) | plazh (m) | [plaʒ] |
| zand (het) | rërë (f) | [rə́rə] |

leeg (~ strand)	plazh i shkretë	[plaʒ i ʃkrétə]
bruine kleur (de)	nxirje nga dielli (f)	[ndzírjɛ ŋa díɛti]
zonnebaden (ww)	nxihem	[ndzíhɛm]
gebruind (bn)	i nxirë	[i ndzírə]
zonnecrème (de)	krem dielli (f)	[krɛm díɛti]

bikini (de)	bikini (m)	[bikíni]
badpak (het)	rrobë banje (f)	[róbə báɲɛ]
zwembroek (de)	mbathje banjo (f)	[mbáθjɛ báɲo]

zwembad (het)	pishinë (f)	[piʃínə]
zwemmen (ww)	notoj	[notój]
douche (de)	dush (m)	[duʃ]
zich omkleden (ww)	ndërroj	[ndərój]
handdoek (de)	peshqir (m)	[pɛʃcír]

| boot (de) | varkë (f) | [várkə] |
| motorboot (de) | skaf (m) | [skaf] |

waterski's (mv.)	ski ujor (m)	[ski ujór]
waterfiets (de)	varkë me pedale (f)	[várkə mɛ pɛdálɛ]
surfen (het)	surf (m)	[surf]
surfer (de)	surfist (m)	[surfíst]

scuba, aqualong (de)	komplet për skuba (f)	[komplét pər skúba]
zwemvliezen (mv.)	këmbale noti (pl)	[kəmbálɛ nóti]
duikmasker (het)	maskë (f)	[máskə]
duiker (de)	zhytës (m)	[ʒýtəs]
duiken (ww)	zhytem	[ʒýtɛm]
onder water (bw)	nën ujë	[nən újə]

parasol (de)	çadër plazhi (f)	[tʃádər pláʒi]
ligstoel (de)	shezlong (m)	[ʃezlóŋ]
zonnebril (de)	syze dielli (f)	[sýzɛ diɛti]
luchtmatras (de/het)	dyshek me ajër (m)	[dyʃék mɛ ájər]

| spelen (ww) | loz | [loz] |
| gaan zwemmen (ww) | notoj | [notój] |

bal (de)	top plazhi (m)	[top pláʒi]
opblazen (oppompen)	fryj	[fryj]
lucht-, opblaasbare (bn)	që fryhet	[cə frýhɛt]

golf (hoge ~)	dallgë (f)	[dátgə]
boei (de)	tapë (f)	[tápə]
verdrinken (ww)	mbytem	[mbýtɛm]

redden (ww)	shpëtoj	[ʃpətój]
reddingsvest (de)	jelek shpëtimi (m)	[jɛlék ʃpətími]
waarnemen (ww)	vëzhgoj	[vəʒgój]
redder (de)	rojë bregdetare (m)	[rójə brɛgdɛtárɛ]

TECHNISCHE APPARATUUR. VERVOER

Technische apparatuur

139. Computer

computer (de)	kompjuter (m)	[kompjutér]
laptop (de)	laptop (m)	[laptóp]
aanzetten (ww)	ndez	[ndɛz]
uitzetten (ww)	fik	[fik]
toetsenbord (het)	tastiera (f)	[tastiéra]
toets (enter~)	çelës (m)	[tʃéləs]
muis (de)	maus (m)	[máus]
muismat (de)	shtroje e mausit (f)	[ʃtrójɛ ɛ máusit]
knopje (het)	buton (m)	[butón]
cursor (de)	kursor (m)	[kursór]
monitor (de)	monitor (m)	[monitór]
scherm (het)	ekran (m)	[ɛkrán]
harde schijf (de)	hard disk (m)	[hárd dísk]
volume (het) van de harde schijf	kapaciteti i hard diskut (m)	[kapatsitéti i hárd dískut]
geheugen (het)	memorie (f)	[mɛmóriɛ]
RAM-geheugen (het)	memorie operative (f)	[mɛmóriɛ opɛratívɛ]
bestand (het)	skedë (f)	[skédə]
folder (de)	dosje (f)	[dósjɛ]
openen (ww)	hap	[hap]
sluiten (ww)	mbyll	[mbyɫ]
opslaan (ww)	ruaj	[rúaj]
verwijderen (wissen)	fshij	[fʃíj]
kopiëren (ww)	kopjoj	[kopjój]
sorteren (ww)	sistemoj	[sistɛmój]
overplaatsen (ww)	transferoj	[transfɛrój]
programma (het)	program (m)	[prográm]
software (de)	softuer (f)	[softuér]
programmeur (de)	programues (m)	[programúɛs]
programmeren (ww)	programoj	[programój]
hacker (computerkraker)	haker (m)	[hakér]
wachtwoord (het)	fjalëkalim (m)	[fjaləkalím]
virus (het)	virus (m)	[virús]
ontdekken (virus ~)	zbuloj	[zbulój]

| byte (de) | bajt (m) | [bájt] |
| megabyte (de) | megabajt (m) | [mɛgabájt] |

| data (de) | të dhënat (pl) | [tə ðénat] |
| databank (de) | databazë (f) | [databázə] |

kabel (USB-~, enz.)	kabllo (f)	[kábɫo]
afsluiten (ww)	shkëpus	[ʃkəpús]
aansluiten op (ww)	lidh	[lið]

140. Internet. E-mail

internet (het)	internet (m)	[intɛrnét]
browser (de)	shfletues (m)	[ʃflɛtúɛs]
zoekmachine (de)	makineri kërkimi (f)	[makinɛrí kərkími]
internetprovider (de)	ofrues (m)	[ofrúɛs]

webmaster (de)	uebmaster (m)	[uɛbmástɛr]
website (de)	ueb-faqe (f)	[uéb-fácɛ]
webpagina (de)	ueb-faqe (f)	[uéb-fácɛ]

| adres (het) | adresë (f) | [adrésə] |
| adresboek (het) | libërth adresash (m) | [líbərθ adrésaʃ] |

postvak (het)	kuti postare (f)	[kutí postárɛ]
post (de)	postë (f)	[póstə]
vol (~ postvak)	i mbushur	[i mbúʃur]

bericht (het)	mesazh (m)	[mɛsáʒ]
binnenkomende berichten (mv.)	mesazhe të ardhura (pl)	[mɛsáʒɛ tə árðura]
uitgaande berichten (mv.)	mesazhe të dërguara (pl)	[mɛsáʒɛ tə dərgúara]

verzender (de)	dërguesi (m)	[dərgúɛsi]
verzenden (ww)	dërgoj	[dərgój]
verzending (de)	dërgesë (f)	[dərgésə]

| ontvanger (de) | pranues (m) | [pranúɛs] |
| ontvangen (ww) | pranoj | [pranój] |

| correspondentie (de) | korrespondencë (f) | [korɛspondéntsə] |
| corresponderen (met ...) | komunikim | [komunikím] |

bestand (het)	skedë (f)	[skédə]
downloaden (ww)	shkarkoj	[ʃkarkój]
creëren (ww)	krijoj	[krijój]
verwijderen (een bestand ~)	fshij	[fʃíj]
verwijderd (bn)	e fshirë	[ɛ fʃírə]

verbinding (de)	lidhje (f)	[líðjɛ]
snelheid (de)	shpejtësi (f)	[ʃpɛjtəsí]
modem (de)	modem (m)	[modém]
toegang (de)	hyrje (f)	[hýrjɛ]
poort (de)	port (m)	[port]

aansluiting (de)	**lidhje** (f)	[líðjɛ]
zich aansluiten (ww)	**lidhem me ...**	[líðɛm mɛ ...]
selecteren (ww)	**përzgjedh**	[pərzɟéð]
zoeken (ww)	**kërkoj ...**	[kərkój ...]

Vervoer

141. Vliegtuig

vliegtuig (het)	avion (m)	[avión]
vliegticket (het)	biletë avioni (f)	[bilétə avióni]
luchtvaartmaatschappij (de)	kompani ajrore (f)	[kompaní ajrórɛ]
luchthaven (de)	aeroport (m)	[aɛropórt]
supersonisch (bn)	supersonik	[supɛrsoník]
gezagvoerder (de)	kapiten (m)	[kapitén]
bemanning (de)	ekip (m)	[ɛkíp]
piloot (de)	pilot (m)	[pilót]
stewardess (de)	stjuardesë (f)	[stjuardésə]
stuurman (de)	naviguues (m)	[navigúɛs]
vleugels (mv.)	krahë (pl)	[kráhə]
staart (de)	bisht (m)	[biʃt]
cabine (de)	kabinë (f)	[kabínə]
motor (de)	motor (m)	[motór]
landingsgestel (het)	karrel (m)	[karél]
turbine (de)	turbinë (f)	[turbínə]
propeller (de)	helikë (f)	[hɛlíkə]
zwarte doos (de)	kuti e zezë (f)	[kutí ɛ zézə]
stuur (het)	timon (m)	[timón]
brandstof (de)	karburant (m)	[karburánt]
veiligheidskaart (de)	udhëzime sigurie (pl)	[uðəzímɛ siguríɛ]
zuurstofmasker (het)	maskë oksigjeni (f)	[máskə oksiɟéni]
uniform (het)	uniformë (f)	[unifórmə]
reddingsvest (de)	jelek shpëtimi (m)	[jɛlék ʃpətími]
parachute (de)	parashutë (f)	[paraʃútə]
opstijgen (het)	ngritje (f)	[ŋrítjɛ]
opstijgen (ww)	fluturon	[fluturón]
startbaan (de)	pista e fluturimit (f)	[písta ɛ fluturímit]
zicht (het)	shikueshmëri (f)	[ʃikuɛʃmərí]
vlucht (de)	fluturim (m)	[fluturím]
hoogte (de)	lartësi (f)	[lartəsí]
luchtzak (de)	xhep ajri (m)	[dʒɛp ájri]
plaats (de)	karrige (f)	[karígɛ]
koptelefoon (de)	kufje (f)	[kúfjɛ]
tafeltje (het)	tabaka (f)	[tabaká]
venster (het)	dritare avioni (f)	[dritárɛ avióni]
gangpad (het)	korridor (m)	[koridór]

142. Trein

trein (de)	tren (m)	[trɛn]
elektrische trein (de)	tren elektrik (m)	[trɛn ɛlɛktrík]
sneltrein (de)	tren ekspres (m)	[trɛn ɛksprés]
diesellocomotief (de)	lokomotivë me naftë (f)	[lokomótivə mɛ náftə]
stoomlocomotief (de)	lokomotivë me avull (f)	[lokomótivə mɛ ávuɫ]
rijtuig (het)	vagon (m)	[vagón]
restauratierijtuig (het)	vagon restorant (m)	[vagón rɛstoránt]
rails (mv.)	shina (pl)	[ʃína]
spoorweg (de)	hekurudhë (f)	[hɛkurúðə]
dwarsligger (de)	traversë (f)	[travérsə]
perron (het)	platformë (f)	[platfórmə]
spoor (het)	binar (m)	[binár]
semafoor (de)	semafor (m)	[sɛmafór]
halte (bijv. kleine treinhalte)	stacion (m)	[statsión]
machinist (de)	makinist (m)	[makiníst]
kruier (de)	portier (m)	[portiér]
conducteur (de)	konduktor (m)	[konduktór]
passagier (de)	pasagjer (m)	[pasaɟér]
controleur (de)	konduktor (m)	[konduktór]
gang (in een trein)	korridor (m)	[koridór]
noodrem (de)	frena urgjence (f)	[fréna urɟéntsɛ]
coupé (de)	ndarje (f)	[ndárjɛ]
bed (slaapplaats)	kat (m)	[kat]
bovenste bed (het)	kati i sipërm (m)	[káti i sípərm]
onderste bed (het)	kati i poshtëm (m)	[káti i póʃtəm]
beddengoed (het)	shtroje shtrati (pl)	[ʃtrójɛ ʃtráti]
kaartje (het)	biletë (f)	[bilétə]
dienstregeling (de)	orar (m)	[orár]
informatiebord (het)	tabelë e informatave (f)	[tabélə ɛ informátavɛ]
vertrekken	niset	[nísɛt]
(De trein vertrekt …)		
vertrek (ov. een trein)	nisje (f)	[nísjɛ]
aankomen (ov. de treinen)	arrij	[aríj]
aankomst (de)	arritje (f)	[arítjɛ]
aankomen per trein	arrij me tren	[aríj mɛ trɛn]
in de trein stappen	hip në tren	[hip nə trén]
uit de trein stappen	zbres nga treni	[zbrɛs ŋa tréni]
treinwrak (het)	aksident hekurudhor (m)	[aksidént hɛkuruðór]
ontspoord zijn	del nga shinat	[dɛl ŋa ʃínat]
stoomlocomotief (de)	lokomotivë me avull (f)	[lokomótivə mɛ ávuɫ]
stoker (de)	mbikëqyrës i zjarrit (m)	[mbikəcýrəs i zjárit]
stookplaats (de)	furrë (f)	[fúrə]
steenkool (de)	qymyr (m)	[cymýr]

143. Schip

schip (het)	anije (f)	[aníjɛ]
vaartuig (het)	mjet lundrues (m)	[mjét lundrúɛs]
stoomboot (de)	anije me avull (f)	[aníjɛ mɛ ávuɬ]
motorschip (het)	anije lumi (f)	[aníjɛ lúmi]
lijnschip (het)	krocierë (f)	[krotsiérə]
kruiser (de)	anije luftarake (f)	[aníjɛ luftarákɛ]
jacht (het)	jaht (m)	[jáht]
sleepboot (de)	anije rimorkiuese (f)	[aníjɛ rimorkiúɛsɛ]
duwbak (de)	anije transportuese (f)	[aníjɛ transportúɛsɛ]
ferryboot (de)	traget (m)	[tragét]
zeilboot (de)	anije me vela (f)	[aníjɛ mɛ véla]
brigantijn (de)	brigantinë (f)	[brigantínə]
ijsbreker (de)	akullthyese (f)	[akuɬθýɛsɛ]
duikboot (de)	nëndetëse (f)	[nəndétəsɛ]
boot (de)	barkë (f)	[bárkə]
sloep (de)	gomone (f)	[gomónɛ]
reddingssloep (de)	varkë shpëtimi (f)	[várkə ʃpətími]
motorboot (de)	skaf (m)	[skaf]
kapitein (de)	kapiten (m)	[kapitén]
zeeman (de)	marinar (m)	[marinár]
matroos (de)	marinar (m)	[marinár]
bemanning (de)	ekip (m)	[ɛkíp]
bootsman (de)	kryemarinar (m)	[kryɛmarinár]
scheepsjongen (de)	djali i anijes (m)	[djáli i aníjɛs]
kok (de)	kuzhinier (m)	[kuʒiniér]
scheepsarts (de)	doktori i anijes (m)	[doktóri i aníjɛs]
dek (het)	kuverta (f)	[kuvérta]
mast (de)	direk (m)	[dirék]
zeil (het)	vela (f)	[véla]
ruim (het)	bagazh (m)	[bagáʒ]
voorsteven (de)	harku sipëror (m)	[hárku sipərór]
achtersteven (de)	pjesa e pasme (f)	[pjésa ɛ pásmɛ]
roeispaan (de)	rrem (m)	[rɛm]
schroef (de)	helikë (f)	[hɛlíkə]
kajuit (de)	kabinë (f)	[kabínə]
officierskamer (de)	zyrë e oficerëve (m)	[zýrə ɛ ofitsérəvɛ]
machinekamer (de)	salla e motorit (m)	[sáɬa ɛ motórit]
brug (de)	urë komanduese (f)	[úrə komandúɛsɛ]
radiokamer (de)	kabina radiotelegrafike (f)	[kabína radiotɛlɛgrafíkɛ]
radiogolf (de)	valë (f)	[válə]
logboek (het)	libri i shënimeve (m)	[líbri i ʃənímɛvɛ]
verrekijker (de)	dylbi (f)	[dylbí]
klok (de)	këmbanë (f)	[kəmbánə]

vlag (de)	flamur (m)	[flamúr]
kabel (de)	pallamar (m)	[paɫamár]
knoop (de)	nyjë (f)	[nýjə]

| leuning (de) | parmakë (pl) | [parmákə] |
| trap (de) | shkallë (f) | [ʃkáɫə] |

anker (het)	spirancë (f)	[spirántsə]
het anker lichten	ngre spirancën	[ŋré spirántsən]
het anker neerlaten	hedh spirancën	[hɛð spirántsən]
ankerketting (de)	zinxhir i spirancës (m)	[zindʒír i spirántsəs]

haven (bijv. containerhaven)	port (m)	[port]
kaai (de)	skelë (f)	[skélə]
aanleggen (ww)	ankoroj	[ankorój]
wegvaren (ww)	niset	[nísɛt]

reis (de)	udhëtim (m)	[uðətím]
cruise (de)	udhëtim me krocierë (f)	[uðətím mɛ krotsiérə]
koers (de)	kursi i udhëtimit (m)	[kúrsi i uðətímit]
route (de)	itinerar (m)	[itinɛrár]

vaarwater (het)	ujëra të lundrueshme (f)	[újəra tə lundrúeʃmɛ]
zandbank (de)	cekëtinë (f)	[tsɛkətínə]
stranden (ww)	bllokohet në rërë	[bɫokóhɛt nə rərə]

storm (de)	stuhi (f)	[stuhí]
signaal (het)	sinjal (m)	[siɲál]
zinken (ov. een boot)	fundoset	[fundósɛt]
Man overboord!	Njeri në det!	[ɲɛrí nə dɛt!]
SOS (noodsignaal)	SOS (m)	[sos]
reddingsboei (de)	bovë shpëtuese (f)	[bóvə ʃpətúɛsɛ]

144. Vliegveld

luchthaven (de)	aeroport (m)	[aɛropórt]
vliegtuig (het)	avion (m)	[avión]
luchtvaartmaatschappij (de)	kompani ajrore (f)	[kompaní ajrórɛ]
luchtverkeersleider (de)	kontroll i trafikut ajror (m)	[kontróɫ i trafíkut ajrór]

vertrek (het)	nisje (f)	[nísjɛ]
aankomst (de)	arritje (f)	[arítjɛ]
aankomen (per vliegtuig)	arrij me avion	[aríj mɛ avión]

| vertrektijd (de) | nisja (f) | [nísja] |
| aankomstuur (het) | arritja (f) | [arítja] |

| vertraagd zijn (ww) | vonesë | [vonésə] |
| vluchtvertraging (de) | vonesë avioni (f) | [vonésə avióni] |

informatiebord (het)	ekrani i informacioneve (m)	[ɛkráni i informatsiónɛvɛ]
informatie (de)	informacion (m)	[informatsión]
aankondigen (ww)	njoftoj	[ɲoftój]
vlucht (bijv. KLM ~)	fluturim (m)	[fluturím]

douane (de)	**doganë** (f)	[dogánə]
douanier (de)	**doganier** (m)	[doganiér]

douaneaangifte (de)	**deklarim doganor** (m)	[dɛklarím doganór]
invullen (douaneaangifte ~)	**plotësoj**	[plotəsój]
een douaneaangifte invullen	**plotësoj deklaratën**	[plotəsój dɛklarátən]
paspoortcontrole (de)	**kontroll pasaportash** (m)	[kontróɫ pasapórtaʃ]

bagage (de)	**bagazh** (m)	[bagáʒ]
handbagage (de)	**bagazh dore** (m)	[bagáʒ dórɛ]
bagagekarretje (het)	**karrocë bagazhesh** (f)	[karótsə bagáʒɛʃ]

landing (de)	**aterrim** (m)	[atɛrím]
landingsbaan (de)	**pistë aterrimi** (f)	[pístə atɛrími]
landen (ww)	**aterroj**	[atɛrój]
vliegtuigtrap (de)	**shkallë avioni** (f)	[ʃkáɫə avióni]

inchecken (het)	**regjistrim** (m)	[rɛɟistrím]
incheckbalie (de)	**sportel regjistrimi** (m)	[sportél rɛɟistrími]
inchecken (ww)	**regjistrohem**	[rɛɟistróhɛm]
instapkaart (de)	**biletë e hyrjes** (f)	[bilétə ɛ hýrjɛs]
gate (de)	**porta e nisjes** (f)	[pórta ɛ nísjɛs]

transit (de)	**transit** (m)	[transít]
wachten (ww)	**pres**	[prɛs]
wachtzaal (de)	**salla e nisjes** (f)	[sáɫa ɛ nísjɛs]
begeleiden (uitwuiven)	**përcjell**	[pərtsjéɫ]
afscheid nemen (ww)	**përshëndetem**	[pərʃəndétɛm]

145. Fiets. Motorfiets

fiets (de)	**biçikletë** (f)	[bitʃiklétə]
bromfiets (de)	**skuter** (m)	[skutér]
motorfiets (de)	**motoçikletë** (f)	[mototʃiklétə]

met de fiets rijden	**shkoj me biçikletë**	[ʃkoj mɛ bitʃiklétə]
stuur (het)	**timon** (m)	[timón]
pedaal (de/het)	**pedale** (f)	[pɛdálɛ]
remmen (mv.)	**frenat** (pl)	[frénat]
fietszadel (de/het)	**shalë** (f)	[ʃálə]

pomp (de)	**pompë** (f)	[pómpə]
bagagedrager (de)	**mbajtëse** (f)	[mbájtəsɛ]
fietslicht (het)	**drita e përparme** (f)	[dríta ɛ pərpármɛ]
helm (de)	**helmetë** (f)	[hɛlmétə]

wiel (het)	**rrotë** (f)	[rótə]
spatbord (het)	**parafango** (f)	[parafáŋo]
velg (de)	**rreth i jashtëm i rrotës** (m)	[rɛθ i jáʃtəm i rótəs]
spaak (de)	**telat e diskut** (m)	[télat ɛ dískut]

Auto's

146. Soorten auto's

auto (de)	makinë (f)	[makínə]
sportauto (de)	makinë sportive (f)	[makínə sportívɛ]
limousine (de)	limuzinë (f)	[limuzínə]
terreinwagen (de)	fuoristradë (f)	[fuoristrádə]
cabriolet (de)	kabriolet (m)	[kabriolét]
minibus (de)	furgon (m)	[furgón]
ambulance (de)	ambulancë (f)	[ambulántsə]
sneeuwruimer (de)	borëpastruese (f)	[borəpastrúɛsɛ]
vrachtwagen (de)	kamion (m)	[kamión]
tankwagen (de)	autocisternë (f)	[autotsistérnə]
bestelwagen (de)	furgon mallrash (m)	[furgón mátraʃ]
trekker (de)	kamionçinë (f)	[kamiontʃínə]
aanhangwagen (de)	rimorkio (f)	[rimórkio]
comfortabel (bn)	i rehatshëm	[i rɛhátʃəm]
tweedehands (bn)	i përdorur	[i pərdórur]

147. Auto's. Carrosserie

motorkap (de)	kofano (f)	[kófano]
spatbord (het)	parafango (f)	[parafáŋo]
dak (het)	çati (f)	[tʃatí]
voorruit (de)	xham i përparmë (m)	[dʒam i pərpármə]
achterruit (de)	pasqyrë për prapa (f)	[pascýrə pər prápa]
ruitensproeier (de)	larëse xhami (f)	[lárəsɛ dʒámi]
wisserbladen (mv.)	fshirëse xhami (f)	[fʃírəsɛ dʒámi]
zijruit (de)	xham anësor (m)	[dʒam anəsór]
raamlift (de)	levë xhami (f)	[lévə dʒámi]
antenne (de)	antenë (f)	[anténə]
zonnedak (het)	çati diellore (f)	[tʃatí diɛtórɛ]
bumper (de)	parakolp (m)	[parakólp]
koffer (de)	bagazh (m)	[bagáʒ]
imperiaal (de/het)	bagazh mbi çati (m)	[bagáʒ mbi tʃatí]
portier (het)	derë (f)	[dérə]
handvat (het)	doreza e derës (m)	[doréza ɛ dérəs]
slot (het)	kyç (m)	[kytʃ]
nummerplaat (de)	targë makine (f)	[tárgə makínɛ]
knalpot (de)	silenciator (m)	[silɛntsiatór]

benzinetank (de)	serbator (m)	[sɛrbatór]
uitlaatpijp (de)	tub shkarkimi (m)	[tub ʃkarkími]

gas (het)	gaz (m)	[gaz]
pedaal (de/het)	këmbëz (f)	[kémbəz]
gaspedaal (de/het)	pedal i gazit (m)	[pɛdál i gázit]

rem (de)	freni (m)	[fréni]
rempedaal (de/het)	pedal i frenave (m)	[pɛdál i frénavɛ]
remmen (ww)	frenoj	[frɛnój]
handrem (de)	freni i dorës (m)	[fréni i dórəs]

koppeling (de)	friksion (m)	[friksión]
koppelingspedaal (de/het)	pedal i friksionit (m)	[pɛdál i friksiónit]
koppelingsschijf (de)	disk i friksionit (m)	[dísk i friksiónit]
schokdemper (de)	amortizator (m)	[amortizatór]

wiel (het)	rrotë (f)	[rótə]
reservewiel (het)	gomë rezervë (f)	[gómə rɛzérvə]
band (de)	gomë (f)	[gómə]
wieldop (de)	mbulesë gome (f)	[mbulésə gómɛ]

aandrijfwielen (mv.)	rrota makine (f)	[róta makínɛ]
met voorwielaandrijving	me rrotat e përparme	[mɛ rotat ɛ pərpármɛ]
met achterwielaandrijving	me rrotat e pasme	[mɛ rótat ɛ pásmɛ]
met vierwielaandrijving	me të gjitha rrotat	[mɛ tə ɟíθa rótat]

versnellingsbak (de)	kutia e marsheve (f)	[kutía ɛ márʃɛvɛ]
automatisch (bn)	automatik	[automatík]
mechanisch (bn)	mekanik	[mɛkaník]
versnellingspook (de)	levë e marshit (f)	[lévə ɛ márʃit]

voorlicht (het)	dritë e përparme (f)	[drítə ɛ pərpármɛ]
voorlichten (mv.)	dritat e përparme (pl)	[drítat ɛ pərpármɛ]

dimlicht (het)	dritat e shkurtra (pl)	[drítat ɛ ʃkúrtra]
grootlicht (het)	dritat e gjata (pl)	[drítat ɛ ɟáta]
stoplicht (het)	dritat e frenave (pl)	[drítat ɛ frénavɛ]

standlichten (mv.)	dritat për parkim (pl)	[drítat pər parkím]
noodverlichting (de)	sinjal për urgjencë (m)	[siɲál pər uɲéntsə]
mistlichten (mv.)	drita mjegulle (pl)	[dríta mjéguɫɛ]
pinker (de)	sinjali i kthesës (m)	[siɲáli i kθésəs]
achteruitrijdlicht (het)	dritat e prapme (pl)	[drítat ɛ prápmɛ]

148. Auto's. Passagiersruimte

interieur (het)	interier (m)	[intɛriér]
leren (van leer gemaak)	prej lëkure	[prɛj ləkúrɛ]
fluwelen (abn)	kadife	[kadífɛ]
bekleding (de)	veshje (f)	[véʃjɛ]

toestel (het)	instrument (m)	[instrumént]
instrumentenbord (het)	panel instrumentesh (m)	[panél instruméntɛʃ]

| snelheidsmeter (de) | matës i shpejtësisë (m) | [mátəs i ʃpɛjtəsísə] |
| pijltje (het) | shigjetë (f) | [ʃiɟétə] |

kilometerteller (de)	kilometrazh (m)	[kilomɛtráʒ]
sensor (de)	indikator (m)	[indikatór]
niveau (het)	nivel (m)	[nivél]
controlelampje (het)	dritë paralajmëruese (f)	[drítə paralajmərúɛsɛ]

stuur (het)	timon (m)	[timón]
toeter (de)	bori (f)	[borí]
knopje (het)	buton (m)	[butón]
schakelaar (de)	çelës drite (m)	[tʃéləs drítɛ]

stoel (bestuurders~)	karrige (f)	[karígɛ]
rugleuning (de)	shpinore (f)	[ʃpinórɛ]
hoofdsteun (de)	mbështetësja e kokës (m)	[mbəʃtétəsja ɛ kókəs]
veiligheidsgordel (de)	rrip i sigurimit (m)	[rip i sigurímit]
de gordel aandoen	lidh rripin e sigurimit	[lið rípin ɛ sigurímit]
regeling (de)	rregulloj (m)	[rɛguɫój]

| airbag (de) | jastëk ajri (m) | [jastək ájri] |
| airconditioner (de) | kondicioner (m) | [konditsionér] |

radio (de)	radio (f)	[rádio]
CD-speler (de)	disk CD (m)	[dísk tsɛdé]
aanzetten (bijv. radio ~)	ndez	[ndɛz]
antenne (de)	antenë (f)	[anténə]
handschoenenkastje (het)	kroskot (m)	[kroskót]
asbak (de)	taketuke (f)	[takɛtúkɛ]

149. Auto's. Motor

motor (de)	motor (m)	[motór]
diesel- (abn)	me naftë	[mɛ náftə]
benzine- (~motor)	me benzinë	[mɛ bɛnzínə]

motorinhoud (de)	vëllim i motorit (m)	[vəɫím i motórit]
vermogen (het)	fuqi (f)	[fucí]
paardenkracht (de)	kuaj-fuqi (f)	[kúaj-fucí]
zuiger (de)	piston (m)	[pistón]
cilinder (de)	cilindër (m)	[tsilíndər]
klep (de)	valvulë (f)	[valvúlə]

injectie (de)	injektor (m)	[iɲɛktór]
generator (de)	gjenerator (m)	[ɟɛnɛratór]
carburator (de)	karburator (m)	[karburatór]
motorolie (de)	vaj i motorit (m)	[vaj i motórit]

radiator (de)	radiator (m)	[radiatór]
koelvloeistof (de)	antifriz (m)	[antifríz]
ventilator (de)	ventilator (m)	[vɛntilatór]

| accu (de) | bateri (f) | [batɛrí] |
| starter (de) | motorino (f) | [motoríno] |

contact (ontsteking)	kuadër ndezës (m)	[kuádər ndézəs]
bougie (de)	kandelë (f)	[kandélə]

pool (de)	morseta e baterisë (f)	[morséta ɛ batɛrísə]
positieve pool (de)	kahu pozitiv (m)	[káhu pózitiv]
negatieve pool (de)	kahu negativ (m)	[káhu négativ]
zekering (de)	siguresë (f)	[sigurésə]

luchtfilter (de)	filtri i ajrit (m)	[fíltri i ájrit]
oliefilter (de)	filtri i vajit (m)	[fíltri i vájit]
benzinefilter (de)	filtri i karburantit (m)	[fíltri i karburántit]

150. Auto's. Botsing. Reparatie

auto-ongeval (het)	aksident (m)	[aksidént]
verkeersongeluk (het)	aksident rrugor (m)	[aksidént rúgor]
aanrijden (tegen een boom, enz.)	përplasem në mur	[pərplásɛm nə mur]
verongelukken (ww)	aksident i rëndë	[aksidént i rəndə]
beschadiging (de)	dëm (m)	[dəm]
heelhuids (bn)	pa dëmtime	[pa dəmtímɛ]

pech (de)	avari (f)	[avarí]
kapot gaan (zijn gebroken)	prishet	[príʃɛt]
sleeptouw (het)	kabllo rimorkimi (f)	[kábɫo rimorkími]

lek (het)	shpim (m)	[ʃpim]
lekke krijgen (band)	shpohet	[ʃpóhɛt]
oppompen (ww)	fryj	[fryj]
druk (de)	presion (m)	[prɛsión]
checken (ww)	kontrolloj	[kontroɫój]

reparatie (de)	riparim (m)	[riparím]
garage (de)	auto servis (m)	[áuto sɛrvís]
wisselstuk (het)	pjesë këmbimi (f)	[pjésə kəmbími]
onderdeel (het)	pjesë (f)	[pjésə]

bout (de)	bulona (f)	[bulóna]
schroef (de)	vida (f)	[vída]
moer (de)	dado (f)	[dádo]
sluitring (de)	rondelë (f)	[rondélə]
kogellager (de/het)	kushineta (f)	[kuʃinéta]

pijp (de)	tub (m)	[tub]
pakking (de)	rondelë (f)	[rondélə]
kabel (de)	kabllo (f)	[kábɫo]
dommekracht (de)	krik (m)	[krik]
moersleutel (de)	çelës (m)	[tʃéləs]
hamer (de)	çekiç (m)	[tʃɛkítʃ]
pomp (de)	pompë (f)	[pómpə]
schroevendraaier (de)	kaçavidë (f)	[katʃavídə]
brandblusser (de)	bombolë kundër zjarrit (f)	[bombólə kúndər zjárit]
gevarendriehoek (de)	trekëndësh paralajmërues (m)	[trékəndəʃ paralajmərúɛs]

afslaan (ophouden te werken)	fiket	[fíkɛt]
uitvallen (het)	fikje (f)	[fíkjɛ]
zijn gebroken	prishet	[príʃɛt]

oververhitten (ww)	nxehet	[ndzéhɛt]
verstopt raken (ww)	bllokohet	[bɫokóhɛt]
bevriezen (autodeur, enz.)	ngrihet	[ŋríhɛt]
barsten (leidingen, enz.)	plas tubi	[plas túbi]

druk (de)	presion (m)	[prɛsión]
niveau (bijv. olieniveau)	nivel (m)	[nivél]
slap (de drijfriem is ~)	i lirshëm	[i lírʃəm]

deuk (de)	shtypje (f)	[ʃtýpjɛ]
geklop (vreemde geluiden)	zhurmë motori (f)	[ʒúrmə motóri]
barst (de)	çarje (f)	[tʃárjɛ]
kras (de)	gërvishtje (f)	[gərvíʃtjɛ]

151. Auto's. Weg

weg (de)	rrugë (f)	[rúgə]
snelweg (de)	autostradë (f)	[autostrádə]
autoweg (de)	autostradë (f)	[autostrádə]
richting (de)	drejtim (m)	[drɛjtím]
afstand (de)	largësi (f)	[largəsí]

brug (de)	urë (f)	[úrə]
parking (de)	parking (m)	[parkíŋ]
plein (het)	shesh (m)	[ʃɛʃ]
verkeersknooppunt (het)	kryqëzim rrugësh (m)	[krycəzím rúgəʃ]
tunnel (de)	tunel (m)	[tunél]

benzinestation (het)	pikë karburanti (f)	[píkə karburánti]
parking (de)	parking (m)	[parkíŋ]
benzinepomp (de)	pompë karburanti (f)	[pómpə karburánti]
garage (de)	auto servis (m)	[áuto sɛrvís]
tanken (ww)	furnizohem me gaz	[furnizóhɛm mɛ gáz]
brandstof (de)	karburant (m)	[karburánt]
jerrycan (de)	bidon (m)	[bidón]

asfalt (het)	asfalt (m)	[asfált]
markering (de)	vijëzime të rrugës (pl)	[vijəzímɛ tə rúgəs]
trottoirband (de)	bordurë (f)	[bordúrə]
geleiderail (de)	parmakë të sigurisë (pl)	[parmákə tə sigurísə]
greppel (de)	kanal (m)	[kanál]
vluchtstrook (de)	shpatull rrugore (f)	[ʃpátuɫ rugórɛ]
lichtmast (de)	shtyllë dritash (f)	[ʃtýɫə dritaʃ]

besturen (een auto ~)	ngas	[ŋas]
afslaan (naar rechts ~)	kthej	[kθɛj]
U-bocht maken (ww)	marr kthesë U	[mar kθésə u]
achteruit (de)	marsh prapa (m)	[marʃ prápa]
toeteren (ww)	i bie borisë	[i bíɛ borísə]

toeter (de)	**tyt** (m)	[tyt]
vastzitten (in modder)	**ngec në baltë**	[ŋɛts nə báltə]
spinnen (wielen gaan ~)	**xhiroj gomat**	[dʒirój gómat]
uitzetten (ww)	**fik**	[fik]
snelheid (de)	**shpejtësi** (f)	[ʃpɛjtəsí]
een snelheidsovertreding maken	**kaloj minimumin e shpejtësisë**	[kalój minimúmin ɛ ʃpɛjtəsísə]
bekeuren (ww)	**vë gjobë**	[və ɟóbə]
verkeerslicht (het)	**semafor** (m)	[sɛmafór]
rijbewijs (het)	**patentë shoferi** (f)	[paténtə ʃoféri]
overgang (de)	**kalim hekurudhor** (m)	[kalím hɛkuruðór]
kruispunt (het)	**kryqëzim** (m)	[krycəzím]
zebrapad (oversteekplaats)	**kalim për këmbësorë** (m)	[kalím pər kəmbəsórə]
bocht (de)	**kthesë** (f)	[kθésə]
voetgangerszone (de)	**zonë këmbësorësh** (f)	[zónə kəmbəsórəʃ]

MENSEN. GEBEURTENISSEN IN HET LEVEN

Gebeurtenissen in het leven

152. Vakanties. Evenement

feest (het)	**festë** (f)	[féstə]
nationale feestdag (de)	**festë kombëtare** (f)	[féstə kombətárɛ]
feestdag (de)	**festë publike** (f)	[féstə publíkɛ]
herdenken (ww)	**festoj**	[fɛstój]
gebeurtenis (de)	**ceremoni** (f)	[tsɛrɛmoní]
evenement (het)	**eveniment** (m)	[ɛvɛnimént]
banket (het)	**banket** (m)	[bankét]
receptie (de)	**pritje** (f)	[prítjɛ]
feestmaal (het)	**aheng** (m)	[ahéŋ]
verjaardag (de)	**përvjetor** (m)	[pərvjɛtór]
jubileum (het)	**jubile** (m)	[jubilé]
vieren (ww)	**festoj**	[fɛstój]
Nieuwjaar (het)	**Viti i Ri** (m)	[víti i rí]
Gelukkig Nieuwjaar!	**Gëzuar Vitin e Ri!**	[gəzúar vítin ɛ rí!]
Sinterklaas (de)	**Santa Klaus** (m)	[sánta kláus]
Kerstfeest (het)	**Krishtlindje** (f)	[kriʃtlíndjɛ]
Vrolijk kerstfeest!	**Gëzuar Krishtlindjen!**	[gəzúar kriʃtlíndjɛn!]
kerstboom (de)	**péma e Krishtlindjes** (f)	[péma ɛ kriʃtlíndjɛs]
vuurwerk (het)	**fishekzjarrë** (m)	[fiʃɛkzjárə]
bruiloft (de)	**dasmë** (f)	[dásmə]
bruidegom (de)	**dhëndër** (m)	[ðéndər]
bruid (de)	**nuse** (f)	[núsɛ]
uitnodigen (ww)	**ftoj**	[ftoj]
uitnodigingskaart (de)	**ftesë** (f)	[ftésə]
gast (de)	**mysafir** (m)	[mysafír]
op bezoek gaan	**vizitoj**	[vizitój]
gasten verwelkomen	**takoj të ftuarit**	[takój tə ftúarit]
geschenk, cadeau (het)	**dhuratë** (f)	[ðurátə]
geven (iets cadeau ~)	**dhuroj**	[ðurój]
geschenken ontvangen	**marr dhurata**	[mar ðuráta]
boeket (het)	**buqetë** (f)	[bucétə]
felicitaties (mv.)	**urime** (f)	[urímɛ]
feliciteren (ww)	**përgëzoj**	[pərgəzój]
wenskaart (de)	**kartolinë** (f)	[kartolínə]

| een kaartje versturen | dërgoj kartolinë | [dərgój kartolínə] |
| een kaartje ontvangen | marr kartolinë | [mar kartolínə] |

toast (de)	dolli (f)	[dołí]
aanbieden (een drankje ~)	qeras	[cɛrás]
champagne (de)	shampanjë (f)	[ʃampáɲə]

plezier hebben (ww)	kënaqem	[kənácɛm]
plezier (het)	gëzim (m)	[gəzím]
vreugde (de)	gëzim (m)	[gəzím]

| dans (de) | vallëzim (m) | [vałəzím] |
| dansen (ww) | vallëzoj | [vałəzój] |

| wals (de) | vals (m) | [vals] |
| tango (de) | tango (f) | [táɲo] |

153. Begrafenissen. Begrafenis

kerkhof (het)	varreza (f)	[varéza]
graf (het)	varr (m)	[var]
kruis (het)	kryq (m)	[kryc]
grafsteen (de)	gur varri (m)	[gur vári]
omheining (de)	gardh (m)	[garð]
kapel (de)	kishëz (m)	[kíʃez]

dood (de)	vdekje (f)	[vdékjɛ]
sterven (ww)	vdes	[vdɛs]
overledene (de)	i vdekuri (m)	[i vdékuri]
rouw (de)	zi (f)	[zi]

begraven (ww)	varros	[varós]
begrafenisonderneming (de)	agjenci funeralesh (f)	[aɟɛntsí funɛráleʃ]
begrafenis (de)	funeral (m)	[funɛrál]

krans (de)	kurorë (f)	[kurórə]
doodskist (de)	arkivol (m)	[arkivól]
lijkwagen (de)	makinë funebre (f)	[makínə funébrɛ]
lijkkleed (de)	qefin (m)	[cɛfín]

begrafenisstoet (de)	kortezh (m)	[kortéʒ]
urn (de)	urnë (f)	[úrnə]
crematorium (het)	kremator (m)	[krɛmatór]

overlijdensbericht (het)	përkujtim (m)	[pərkujtím]
huilen (wenen)	qaj	[caj]
snikken (huilen)	qaj me dënesë	[caj mɛ dənésə]

154. Oorlog. Soldaten

| peloton (het) | togë (f) | [tógə] |
| compagnie (de) | kompani (f) | [kompaní] |

regiment (het)	**regjiment** (m)	[rɛɟimént]
leger (armee)	**ushtri** (f)	[uʃtrí]
divisie (de)	**divizion** (m)	[divizión]
sectie (de)	**skuadër** (f)	[skuádər]
troep (de)	**armatë** (f)	[armátə]
soldaat (militair)	**ushtar** (m)	[uʃtár]
officier (de)	**oficer** (m)	[ofitsér]
soldaat (rang)	**ushtar** (m)	[uʃtár]
sergeant (de)	**rreshter** (m)	[rɛʃtér]
luitenant (de)	**toger** (m)	[togér]
kapitein (de)	**kapiten** (m)	[kapitén]
majoor (de)	**major** (m)	[majór]
kolonel (de)	**kolonel** (m)	[kolonél]
generaal (de)	**gjeneral** (m)	[ɟenɛrál]
matroos (de)	**marinar** (m)	[marinár]
kapitein (de)	**kapiten** (m)	[kapitén]
bootsman (de)	**kryemarinar** (m)	[kryɛmarinár]
artillerist (de)	**artiljer** (m)	[artiljér]
valschermjager (de)	**parashutist** (m)	[paraʃutíst]
piloot (de)	**pilot** (m)	[pilót]
stuurman (de)	**navigues** (m)	[navigúɛs]
mecanicien (de)	**mekanik** (m)	[mɛkaník]
sappeur (de)	**xhenier** (m)	[dʒɛniér]
parachutist (de)	**parashutist** (m)	[paraʃutíst]
verkenner (de)	**agjent zbulimi** (m)	[aɟént zbulími]
scherpschutter (de)	**snajper** (m)	[snajpér]
patrouille (de)	**patrullë** (f)	[patrúɫə]
patrouilleren (ww)	**patrulloj**	[patruɫój]
wacht (de)	**rojë** (f)	[rójə]
krijger (de)	**luftëtar** (m)	[luftətár]
patriot (de)	**patriot** (m)	[patriót]
held (de)	**hero** (m)	[hɛró]
heldin (de)	**heroinë** (f)	[hɛroínə]
verrader (de)	**tradhtar** (m)	[traðtár]
verraden (ww)	**tradhtoj**	[traðtój]
deserteur (de)	**dezertues** (m)	[dɛzɛrtúɛs]
deserteren (ww)	**dezertoj**	[dɛzɛrtój]
huurling (de)	**mercenar** (m)	[mɛrtsɛnár]
rekruut (de)	**rekrut** (m)	[rɛkrút]
vrijwilliger (de)	**vullnetar** (m)	[vuɫnɛtár]
gedode (de)	**vdekur** (m)	[vdékur]
gewonde (de)	**i plagosur** (m)	[i plagósur]
krijgsgevangene (de)	**rob lufte** (m)	[rob lúftɛ]

155. Oorlog. Militaire acties. Deel 1

oorlog (de)	luftë (f)	[lúftə]
oorlog voeren (ww)	në luftë	[nə lúftə]
burgeroorlog (de)	luftë civile (f)	[lúftə tsivílɛ]
achterbaks (bw)	pabesisht	[pabɛsíʃt]
oorlogsverklaring (de)	shpallje lufte (f)	[ʃpátjɛ lúftɛ]
verklaren (de oorlog ~)	shpall	[ʃpaɫ]
agressie (de)	agresion (m)	[agrɛsión]
aanvallen (binnenvallen)	sulmoj	[sulmój]
binnenvallen (ww)	pushtoj	[puʃtój]
invaller (de)	pushtues (m)	[puʃtúɛs]
veroveraar (de)	pushtues (m)	[puʃtúɛs]
verdediging (de)	mbrojtje (f)	[mbrójtjɛ]
verdedigen (je land ~)	mbroj	[mbrój]
zich verdedigen (ww)	mbrohem	[mbróhɛm]
vijand (de)	armik (m)	[armík]
tegenstander (de)	kundërshtar (m)	[kundərʃtár]
vijandelijk (bn)	armike	[armíkɛ]
strategie (de)	strategji (f)	[stratɛɟí]
tactiek (de)	taktikë (f)	[taktíkə]
order (de)	urdhër (m)	[úrðər]
bevel (het)	komandë (f)	[komándə]
bevelen (ww)	urdhëroj	[urðərój]
opdracht (de)	mision (m)	[misión]
geheim (bn)	sekret	[sɛkrét]
strijd, slag (de)	betejë (f)	[bɛtéjə]
strijd (de)	luftim (m)	[luftím]
aanval (de)	sulm (m)	[sulm]
bestorming (de)	sulm (m)	[sulm]
bestormen (ww)	sulmoj	[sulmój]
bezetting (de)	nën rrethim (m)	[nən rɛθím]
aanval (de)	sulm (m)	[sulm]
in het offensief te gaan	kaloj në sulm	[kalój nə súlm]
terugtrekking (de)	tërheqje (f)	[tərhécjɛ]
zich terugtrekken (ww)	tërhiqem	[tərhícɛm]
omsingeling (de)	rrethim (m)	[rɛθím]
omsingelen (ww)	rrethoj	[rɛθój]
bombardement (het)	bombardim (m)	[bombardím]
een bom gooien	hedh bombë	[hɛð bómbə]
bombarderen (ww)	bombardoj	[bombardój]
ontploffing (de)	shpërthim (m)	[ʃpərθím]
schot (het)	e shtënë (f)	[ɛ ʃténə]

een schot lossen	qëlloj	[cətój]
schieten (het)	të shtëna (pl)	[tə ʃténa]

mikken op (ww)	vë në shënjestër	[və nə ʃəɲéstər]
aanleggen (een wapen ~)	drejtoj armën	[drɛjtój ármən]
treffen (doelwit ~)	qëlloj	[cətój]

zinken (tot zinken brengen)	fundos	[fundós]
kogelgat (het)	vrimë (f)	[vrímə]
zinken (gezonken zijn)	fundoset	[fundósɛt]

front (het)	front (m)	[front]
evacuatie (de)	evakuim (m)	[ɛvakuím]
evacueren (ww)	evakuoj	[ɛvakuój]

loopgraaf (de)	llogore (f)	[ɫogórɛ]
prikkeldraad (de)	tel me gjemba (m)	[tɛl mɛ ɉémba]
verdedigingsobstakel (het)	pengesë (f)	[pɛɲésə]
wachttoren (de)	kullë vrojtuese (f)	[kúɫə vrojtúɛsɛ]

hospitaal (het)	spital ushtarak (m)	[spitál uʃtarák]
verwonden (ww)	plagos	[plagós]
wond (de)	plagë (f)	[plágə]
gewonde (de)	i plagosur (m)	[i plagósur]
gewond raken (ww)	jam i plagosur	[jam i plagósur]
ernstig (~e wond)	rëndë	[réndə]

156. Wapens

wapens (mv.)	armë (f)	[ármə]
vuurwapens (mv.)	armë zjarri (f)	[ármə zjári]
koude wapens (mv.)	armë të ftohta (pl)	[ármə tə ftóhta]

chemische wapens (mv.)	armë kimike (f)	[ármə kimíkɛ]
kern-, nucleair (bn)	nukleare	[nuklɛárɛ]
kernwapens (mv.)	armë nukleare (f)	[ármə nuklɛárɛ]

bom (de)	bombë (f)	[bómbə]
atoombom (de)	bombë atomike (f)	[bómbə atomíkɛ]

pistool (het)	pistoletë (f)	[pistolétə]
geweer (het)	pushkë (f)	[púʃkə]
machinepistool (het)	mitraloz (m)	[mitralóz]
machinegeweer (het)	mitraloz (m)	[mitralóz]

loop (schietbuis)	grykë (f)	[grýkə]
loop (bijv. geweer met kortere ~)	tytë pushke (f)	[týtə púʃkɛ]
kaliber (het)	kalibër (m)	[kalíbər]

trekker (de)	këmbëz (f)	[kémbəz]
korrel (de)	shënjestër (f)	[ʃəɲéstər]
magazijn (het)	karikator (m)	[karikatór]
geweerkolf (de)	qytë (f)	[cýtə]

| granaat (handgranaat) | bombë dore (f) | [bómbə dórɛ] |
| explosieven (mv.) | eksploziv (m) | [ɛksplozív] |

kogel (de)	plumb (m)	[plúmb]
patroon (de)	fishek (m)	[fiʃék]
lading (de)	karikim (m)	[karikím]
ammunitie (de)	municion (m)	[munitsión]

bommenwerper (de)	avion bombardues (m)	[avión bombardúɛs]
straaljager (de)	avion luftarak (m)	[avión luftarák]
helikopter (de)	helikopter (m)	[hɛlikoptér]

afweergeschut (het)	armë anti-ajrore (f)	[ármə ánti-ajrórɛ]
tank (de)	tank (m)	[tank]
kanon (tank met een ~	top tanku (m)	[top tánku]
van 76 mm)		

artillerie (de)	artileri (f)	[artilɛrí]
kanon (het)	top (m)	[top]
aanleggen (een wapen ~)	vë në shënjestër	[və nə ʃəɲéstər]

projectiel (het)	mortajë (f)	[mortájə]
mortiergranaat (de)	bombë mortaje (f)	[bómbə mortájɛ]
mortier (de)	mortajë (f)	[mortájə]
granaatscherf (de)	copëz mortaje (f)	[tsópəz mortájɛ]

duikboot (de)	nëndetëse (f)	[nəndétəsɛ]
torpedo (de)	silurë (f)	[silúrə]
raket (de)	raketë (f)	[rakétə]

laden (geweer, kanon)	mbush	[mbúʃ]
schieten (ww)	qëlloj	[cəɫój]
richten op (mikken)	drejtoj	[drɛjtój]
bajonet (de)	bajonetë (f)	[bajonétə]

degen (de)	shpatë (f)	[ʃpátə]
sabel (de)	shpatë (f)	[ʃpátə]
speer (de)	shtizë (f)	[ʃtízə]
boog (de)	hark (m)	[hárk]
pijl (de)	shigjetë (f)	[ʃiɟétə]
musket (de)	musketë (f)	[muskétə]
kruisboog (de)	pushkë-shigjetë (f)	[púʃkə-ʃiɟétə]

157. Oude mensen

primitief (bn)	prehistorik	[prɛhistorík]
voorhistorisch (bn)	prehistorike	[prɛhistoríkɛ]
eeuwenoude (~ beschaving)	i lashtë	[i láʃtə]

Steentijd (de)	Epoka e Gurit (f)	[ɛpóka ɛ gúrit]
Bronstijd (de)	Epoka e Bronzit (f)	[ɛpóka ɛ brónzit]
IJstijd (de)	Epoka e akullit (f)	[ɛpóka ɛ ákuɫit]
stam (de)	klan (m)	[klan]
menseneter (de)	kanibal (m)	[kanibál]

jager (de)	gjahtar (m)	[ɟahtár]
jagen (ww)	dal për gjah	[dál pər ɟáh]
mammoet (de)	mamut (m)	[mamút]

grot (de)	shpellë (f)	[ʃpélə]
vuur (het)	zjarr (m)	[zjar]
kampvuur (het)	zjarr kampingu (m)	[zjar kampíŋu]
rotstekening (de)	vizatim në shpella (m)	[vizatím nə ʃpéɫa]

werkinstrument (het)	vegël (f)	[végəl]
speer (de)	shtizë (f)	[ʃtízə]
stenen bijl (de)	sëpatë guri (f)	[səpátə gúri]
oorlog voeren (ww)	në luftë	[nə lúftə]
temmen (bijv. wolf ~)	zbus	[zbus]

idool (het)	idhull (m)	[íðuɫ]
aanbidden (ww)	adhuroj	[aðurój]
bijgeloof (het)	besëtytni (f)	[bɛsətytní]
ritueel (het)	rit (m)	[rit]

evolutie (de)	evolucion (m)	[ɛvolutsión]
ontwikkeling (de)	zhvillim (m)	[ʒviɫím]
verdwijning (de)	zhdukje (f)	[ʒdúkjɛ]
zich aanpassen (ww)	përshtatem	[pərʃtátɛm]

archeologie (de)	arkeologji (f)	[arkɛoloɟí]
archeoloog (de)	arkeolog (m)	[arkɛológ]
archeologisch (bn)	arkeologjike	[arkɛoloɟíkɛ]

opgravingsplaats (de)	vendi i gërmimeve (m)	[véndi i gərmímɛvɛ]
opgravingen (mv.)	gërmime (pl)	[gərmímɛ]
vondst (de)	zbulim (m)	[zbulím]
fragment (het)	fragment (m)	[fragmént]

158. Middeleeuwen

volk (het)	popull (f)	[pópuɫ]
volkeren (mv.)	popuj (pl)	[pópuj]
stam (de)	klan (m)	[klan]
stammen (mv.)	klane (pl)	[klánɛ]

barbaren (mv.)	barbarë (pl)	[barbárə]
Galliërs (mv.)	Galët (pl)	[gálət]
Goten (mv.)	Gotët (pl)	[gótət]
Slaven (mv.)	Sllavët (pl)	[sɫávət]
Vikings (mv.)	Vikingët (pl)	[vikíŋət]

| Romeinen (mv.) | Romakët (pl) | [romákət] |
| Romeins (bn) | romak | [romák] |

Byzantijnen (mv.)	Bizantinët (pl)	[bizantínət]
Byzantium (het)	Bizanti (m)	[bizánti]
Byzantijns (bn)	bizantine	[bizantínɛ]
keizer (bijv. Romeinse ~)	perandor (m)	[pɛrandór]

opperhoofd (het)	**prijës** (m)	[príjəs]
machtig (bn)	**i fuqishëm**	[i fucíʃəm]
koning (de)	**mbret** (m)	[mbrét]
heerser (de)	**sundimtar** (m)	[sundimtár]
ridder (de)	**kalorës** (m)	[kalórəs]
feodaal (de)	**lord feudal** (m)	[lórd fɛudál]
feodaal (bn)	**feudal**	[fɛudál]
vazal (de)	**vasal** (m)	[vasál]
hertog (de)	**dukë** (f)	[dúkə]
graaf (de)	**kont** (m)	[kont]
baron (de)	**baron** (m)	[barón]
bisschop (de)	**peshkop** (m)	[pɛʃkóp]
harnas (het)	**parzmore** (f)	[parzmórɛ]
schild (het)	**mburojë** (f)	[mburójə]
zwaard (het)	**shpatë** (f)	[ʃpátə]
vizier (het)	**ballnik** (m)	[baɫník]
maliënkolder (de)	**thurak** (m)	[θurák]
kruistocht (de)	**Kryqëzata** (f)	[krycəzáta]
kruisvaarder (de)	**kryqtar** (m)	[kryctár]
gebied (bijv. bezette ~en)	**territor** (m)	[tɛritór]
aanvallen (binnenvallen)	**sulmoj**	[sulmój]
veroveren (ww)	**mposht**	[mpóʃt]
innemen (binnenvallen)	**pushtoj**	[puʃtój]
bezetting (de)	**nën rrethim** (m)	[nən rɛθím]
belegerd (bn)	**i rrethuar**	[i rɛθúar]
belegeren (ww)	**rrethoj**	[rɛθój]
inquisitie (de)	**inkuizicion** (m)	[inkuizitsión]
inquisiteur (de)	**inkuizitor** (m)	[inkuizitór]
foltering (de)	**torturë** (f)	[tortúrə]
wreed (bn)	**mizor**	[mizór]
ketter (de)	**heretik** (m)	[hɛrɛtík]
ketterij (de)	**herezi** (f)	[hɛrɛzí]
zeevaart (de)	**lundrim** (m)	[lundrím]
piraat (de)	**pirat** (m)	[pirát]
piraterij (de)	**pirateri** (f)	[piratɛrí]
enteren (het)	**sulm me anije** (m)	[sulm mɛ aníjɛ]
buit (de)	**plaçkë** (f)	[plátʃkə]
schatten (mv.)	**thesare** (pl)	[θɛsárɛ]
ontdekking (de)	**zbulim** (m)	[zbulím]
ontdekken (bijv. nieuw land)	**zbuloj**	[zbulój]
expeditie (de)	**ekspeditë** (f)	[ɛkspɛdítə]
musketier (de)	**musketar** (m)	[muskɛtár]
kardinaal (de)	**kardinal** (m)	[kardinál]
heraldiek (de)	**heraldikë** (f)	[hɛraldíkə]
heraldisch (bn)	**heraldik**	[hɛraldík]

159. Leider. Baas. Autoriteiten

koning (de)	mbret (m)	[mbrét]
koningin (de)	mbretëreshë (f)	[mbrɛtəréʃə]
koninklijk (bn)	mbretërore	[mbrɛtərórɛ]
koninkrijk (het)	mbretëri (f)	[mbrɛtərí]
prins (de)	princ (m)	[prints]
prinses (de)	princeshë (f)	[printséʃə]
president (de)	president (m)	[prɛsidént]
vicepresident (de)	zëvendës president (m)	[zəvéndəs prɛsidént]
senator (de)	senator (m)	[sɛnatór]
monarch (de)	monark (m)	[monárk]
heerser (de)	sundimtar (m)	[sundimtár]
dictator (de)	diktator (m)	[diktatór]
tiran (de)	tiran (m)	[tirán]
magnaat (de)	manjat (m)	[maɲát]
directeur (de)	drejtor (m)	[drɛjtór]
chef (de)	udhëheqës (m)	[uðəhécəs]
beheerder (de)	drejtor (m)	[drɛjtór]
baas (de)	bos (m)	[bos]
eigenaar (de)	pronar (m)	[pronár]
leider (de)	lider (m)	[lidér]
hoofd	kryetar (m)	[kryɛtár]
(bijv. ~ van de delegatie)		
autoriteiten (mv.)	autoritetet (pl)	[autoritétɛt]
superieuren (mv.)	eprorët (pl)	[ɛprórət]
gouverneur (de)	guvernator (m)	[guvɛrnatór]
consul (de)	konsull (m)	[kónsuɫ]
diplomaat (de)	diplomat (m)	[diplomát]
burgemeester (de)	kryetar komune (m)	[kryɛtár komúnɛ]
sheriff (de)	sherif (m)	[ʃɛríf]
keizer (bijv. Romeinse ~)	perandor (m)	[pɛrandór]
tsaar (de)	car (m)	[tsár]
farao (de)	faraon (m)	[faraón]
kan (de)	khan (m)	[khán]

160. De wet overtreden. Criminelen. Deel 1

bandiet (de)	bandit (m)	[bandít]
misdaad (de)	krim (m)	[krim]
misdadiger (de)	kriminel (m)	[kriminél]
dief (de)	hajdut (m)	[hajdút]
stelen (ww)	vjedh	[vjɛð]
stelen, diefstal (de)	vjedhje (f)	[vjéðjɛ]
kidnappen (ww)	rrëmbej	[rəmbéj]

kidnapping (de)	rrëmbim (m)	[rəmbím]
kidnapper (de)	rrëmbyes (m)	[rəmbýɛs]

losgeld (het)	shpërblesë (f)	[ʃpərblésə]
eisen losgeld (ww)	kërkoj shpërblesë	[kərkój ʃpərblésə]

overvallen (ww)	grabis	[grabís]
overval (de)	grabitje (f)	[grabítjɛ]
overvaller (de)	grabitës (m)	[grabítəs]

afpersen (ww)	zhvat	[ʒvat]
afperser (de)	zhvatës (m)	[ʒvátəs]
afpersing (de)	zhvatje (f)	[ʒvátjɛ]

vermoorden (ww)	vras	[vras]
moord (de)	vrasje (f)	[vrásjɛ]
moordenaar (de)	vrasës (m)	[vrásəs]

schot (het)	e shtënë (f)	[ɛ ʃténə]
een schot lossen	qëlloj	[cətój]
neerschieten (ww)	qëlloj për vdekje	[cətój pər vdékjɛ]
schieten (ww)	qëlloj	[cətój]
schieten (het)	të shtëna (pl)	[tə ʃténa]

ongeluk (gevecht, enz.)	incident (m)	[intsidént]
gevecht (het)	përleshje (f)	[pərléʃʃɛ]
Help!	Ndihmë!	[ndíhmə!]
slachtoffer (het)	viktimë (f)	[viktímə]

beschadigen (ww)	dëmtoj	[dəmtój]
schade (de)	dëm (m)	[dəm]
lijk (het)	kufomë (f)	[kufómə]
zwaar (~ misdrijf)	i rëndë	[i réndə]

aanvallen (ww)	sulmoj	[sulmój]
slaan (iemand ~)	rrah	[rah]
in elkaar slaan (toetakelen)	sakatoj	[sakatój]
ontnemen (beroven)	rrëmbej	[rəmbéj]
steken (met een mes)	ther për vdekje	[θɛr pər vdékjɛ]
verminken (ww)	gjymtoj	[ɟymtój]
verwonden (ww)	plagos	[plagós]

chantage (de)	shantazh (m)	[ʃantáʒ]
chanteren (ww)	bëj shantazh	[bəj ʃantáʒ]
chanteur (de)	shantazhist (m)	[ʃantaʒíst]

afpersing (de)	rrjet mashtrimi (m)	[rjét maʃtrími]
afperser (de)	mashtrues (m)	[maʃtrúɛs]
gangster (de)	gangster (m)	[gaŋstér]
maffia (de)	mafia (f)	[máfia]

kruimeldief (de)	vjedhës xhepash (m)	[vjéðəs dʒépaʃ]
inbreker (de)	hajdut (m)	[hajdút]
smokkelen (het)	trafikim (m)	[trafikím]
smokkelaar (de)	trafikues (m)	[trafikúɛs]
namaak (de)	falsifikim (m)	[falsifikím]

| namaken (ww) | falsifikoj | [falsifikój] |
| namaak-, vals (bn) | fals | [fáls] |

161. De wet overtreden. Criminelen. Deel 2

verkrachting (de)	përdhunim (m)	[pərðuním]
verkrachten (ww)	përdhunoj	[pərðunój]
verkrachter (de)	përdhunues (m)	[pərðunúɛs]
maniak (de)	maniak (m)	[maniák]

prostituee (de)	prostitutë (f)	[prostitútə]
prostitutie (de)	prostitucion (m)	[prostitutsión]
pooier (de)	tutor (m)	[tutór]

| drugsverslaafde (de) | narkoman (m) | [narkomán] |
| drugshandelaar (de) | trafikant droge (m) | [trafikánt drógɛ] |

opblazen (ww)	shpërthej	[ʃpərθéj]
explosie (de)	shpërthim (m)	[ʃpərθím]
in brand steken (ww)	vë flakën	[və flákən]
brandstichter (de)	zjarrvënës (m)	[zjarvénəs]

terrorisme (het)	terrorizëm (m)	[tɛrorízəm]
terrorist (de)	terrorist (m)	[tɛroríst]
gijzelaar (de)	peng (m)	[pɛŋ]

bedriegen (ww)	mashtroj	[maʃtrój]
bedrog (het)	mashtrim (m)	[maʃtrím]
oplichter (de)	mashtrues (m)	[maʃtrúɛs]

omkopen (ww)	jap ryshfet	[jap ryʃfét]
omkoperij (de)	ryshfet (m)	[ryʃfét]
smeergeld (het)	ryshfet (m)	[ryʃfét]

vergif (het)	helm (m)	[hɛlm]
vergiftigen (ww)	helmoj	[hɛlmój]
vergif innemen (ww)	helmohem	[hɛlmóhɛm]

| zelfmoord (de) | vetëvrasje (f) | [vɛtəvrásjɛ] |
| zelfmoordenaar (de) | vetëvrasës (m) | [vɛtəvrásəs] |

bedreigen (bijv. met een pistool)	kërcënoj	[kərtsənój]
bedreiging (de)	kërcënim (m)	[kərtsəním]
een aanslag plegen	tentoj	[tɛntój]
aanslag (de)	atentat (m)	[atɛntát]

| stelen (een auto) | vjedh | [vjɛð] |
| kapen (een vliegtuig) | rrëmbej | [rəmbéj] |

wraak (de)	hakmarrje (f)	[hakmárjɛ]
wreken (ww)	hakmerrem	[hakmérɛm]
martelen (gevangenen)	torturoj	[torturój]
foltering (de)	torturë (f)	[tortúrə]

folteren (ww)	torturoj	[torturój]
piraat (de)	pirat (m)	[pirát]
straatschender (de)	huligan (m)	[huligán]
gewapend (bn)	i armatosur	[i armatósur]
geweld (het)	dhunë (f)	[ðúnə]
onwettig (strafbaar)	ilegal	[ilɛgál]

spionage (de)	spiunazh (m)	[spiunáʒ]
spioneren (ww)	spiunoj	[spiunój]

162. Politie. Wet. Deel 1

justitie (de)	drejtësi (f)	[drɛjtəsí]
gerechtshof (het)	gjykatë (f)	[ɟykátə]

rechter (de)	gjykatës (m)	[ɟykátəs]
jury (de)	anëtar jurie (m)	[anətár juríɛ]
juryrechtspraak (de)	gjyq me juri (m)	[ɟyc mɛ jurí]
berechten (ww)	gjykoj	[ɟykój]

advocaat (de)	avokat (m)	[avokát]
beklaagde (de)	pandehur (m)	[pandéhur]
beklaagdenbank (de)	bankë e të pandehurit (f)	[bánkə ɛ tə pandéhurit]

beschuldiging (de)	akuzë (f)	[akúzə]
beschuldigde (de)	i akuzuar (m)	[i akuzúar]

vonnis (het)	vendim (m)	[vɛndím]
veroordelen (in een rechtszaak)	dënoj	[dənój]

schuldige (de)	fajtor (m)	[fajtór]
straffen (ww)	ndëshkoj	[ndəʃkój]
bestraffing (de)	ndëshkim (m)	[ndəʃkím]

boete (de)	gjobë (f)	[ɟóbə]
levenslange opsluiting (de)	burgim i përjetshëm (m)	[burgím i pərjétʃəm]
doodstraf (de)	dënim me vdekje (m)	[dəním mɛ vdékjɛ]
elektrische stoel (de)	karrige elektrike (f)	[karígɛ ɛlɛktríkɛ]
schavot (het)	varje (f)	[várjɛ]

executeren (ww)	ekzekutoj	[ɛkzɛkutój]
executie (de)	ekzekutim (m)	[ɛkzɛkutím]

gevangenis (de)	burg (m)	[búrg]
cel (de)	qeli (f)	[cɛlí]

konvooi (het)	eskortë (f)	[ɛskórtə]
gevangenisbewaker (de)	gardian burgu (m)	[gardián búrgu]
gedetineerde (de)	i burgosur (m)	[i burgósur]

handboeien (mv.)	pranga (f)	[práŋa]
handboeien omdoen	vë prangat	[və práŋat]
ontsnapping (de)	arratisje nga burgu (f)	[aratísjɛ ŋa búrgu]

ontsnappen (ww)	arratisem	[aratísɛm]
verdwijnen (ww)	zhduk	[ʒduk]
vrijlaten (uit de gevangenis)	dal nga burgu	[dál ŋa búrgu]
amnestie (de)	amnisti (f)	[amnistí]

politie (de)	polici (f)	[politsí]
politieagent (de)	polic (m)	[políts]
politiebureau (het)	komisariat (m)	[komisariát]
knuppel (de)	shkop gome (m)	[ʃkop gómɛ]
megafoon (de)	altoparlant (m)	[altoparlánt]

patrouilleerwagen (de)	makinë patrullimi (f)	[makínə patrułími]
sirene (de)	alarm (m)	[alárm]
de sirene aansteken	ndez sirenën	[ndɛz sirénən]
geloei (het) van de sirene	zhurmë alarmi (f)	[ʒúrmə alármi]

plaats delict (de)	skenë krimi (f)	[skénə krími]
getuige (de)	dëshmitar (m)	[dəʃmitár]
vrijheid (de)	liri (f)	[lirí]
handlanger (de)	bashkëpunëtor (m)	[baʃkəpunətór]
ontvluchten (ww)	zhdukem	[ʒdúkɛm]
spoor (het)	gjurmë (f)	[ɟúrmə]

163. Politie. Wet. Deel 2

opsporing (de)	kërkim (m)	[kərkím]
opsporen (ww)	kërkoj ...	[kərkój ...]
verdenking (de)	dyshim (m)	[dyʃím]
verdacht (bn)	i dyshuar	[i dyʃúar]
aanhouden (stoppen)	ndaloj	[ndalój]
tegenhouden (ww)	mbaj të ndaluar	[mbáj tə ndalúar]

strafzaak (de)	padi (f)	[padí]
onderzoek (het)	hetim (m)	[hɛtím]
detective (de)	detektiv (m)	[dɛtɛktív]
onderzoeksrechter (de)	hetues (m)	[hɛtúɛs]
versie (de)	hipotezë (f)	[hipotézə]

motief (het)	motiv (m)	[motív]
verhoor (het)	marrje në pyetje (f)	[márjɛ nə pýɛtjɛ]
ondervragen (door de politie)	marr në pyetje	[mar nə pýɛtjɛ]
ondervragen (omstanders ~)	pyes	[pýɛs]
controle (de)	verifikim (m)	[vɛrifikím]

razzia (de)	kontroll në grup (m)	[kontrół nə grúp]
huiszoeking (de)	bastisje (f)	[bastísjɛ]
achtervolging (de)	ndjekje (f)	[ndjékjɛ]
achtervolgen (ww)	ndjek	[ndjék]
opsporen (ww)	ndjek	[ndjék]

arrest (het)	arrestim (m)	[arɛstím]
arresteren (ww)	arrestoj	[arɛstój]
vangen, aanhouden (een dief, enz.)	kap	[kap]

aanhouding (de)	kapje (f)	[kápjɛ]
document (het)	dokument (m)	[dokumént]
bewijs (het)	provë (f)	[próvə]
bewijzen (ww)	dëshmoj	[dəʃmój]
voetspoor (het)	gjurmë (f)	[ɟúrmə]
vingerafdrukken (mv.)	shenja gishtash (pl)	[ʃéɲa gíʃtaʃ]
bewijs (het)	provë (f)	[próvə]

alibi (het)	alibi (f)	[alibí]
onschuldig (bn)	i pafajshëm	[i pafájʃəm]
onrecht (het)	padrejtësi (f)	[padrɛjtəsí]
onrechtvaardig (bn)	i padrejtë	[i padréjtə]

crimineel (bn)	kriminale	[kriminálɛ]
confisqueren (in beslag nemen)	konfiskoj	[konfiskój]
drug (de)	drogë (f)	[drógə]
wapen (het)	armë (f)	[ármə]
ontwapenen (ww)	çarmatos	[tʃarmatós]
bevelen (ww)	urdhëroj	[urðərój]
verdwijnen (ww)	zhduk	[ʒduk]

wet (de)	ligj (m)	[liɟ]
wettelijk (bn)	ligjor	[liɟór]
onwettelijk (bn)	i paligjshëm	[i palíɟʃəm]

verantwoordelijkheid (de)	përgjegjësi (f)	[pərɟɛɟəsí]
verantwoordelijk (bn)	përgjegjës	[pərɟéɟəs]

NATUUR

De Aarde. Deel 1

164. De kosmische ruimte

kosmos (de)	hapësirë (f)	[hapəsírə]
kosmisch (bn)	hapësinor	[hapəsinór]
kosmische ruimte (de)	kozmos (m)	[kozmós]
wereld (de)	botë (f)	[bótə]
heelal (het)	univers	[univérs]
sterrenstelsel (het)	galaksi (f)	[galaksí]
ster (de)	yll (m)	[yɫ]
sterrenbeeld (het)	yllësi (f)	[yɫəsí]
planeet (de)	planet (m)	[planét]
satelliet (de)	satelit (m)	[satɛlít]
meteoriet (de)	meteor (m)	[mɛtɛór]
komeet (de)	kometë (f)	[kométə]
asteroïde (de)	asteroid (m)	[astɛroíd]
baan (de)	orbitë (f)	[orbítə]
draaien (om de zon, enz.)	rrotullohet	[rotuɫóhɛt]
atmosfeer (de)	atmosferë (f)	[atmosférə]
Zon (de)	Dielli (m)	[diéɫi]
zonnestelsel (het)	sistemi diellor (m)	[sistémi diɛɫór]
zonsverduistering (de)	eklips diellor (m)	[ɛklíps diɛɫór]
Aarde (de)	Toka (f)	[tóka]
Maan (de)	Hëna (f)	[hə́na]
Mars (de)	Marsi (m)	[mársi]
Venus (de)	Venera (f)	[vɛnéra]
Jupiter (de)	Jupiteri (m)	[jupitéri]
Saturnus (de)	Saturni (m)	[satúrni]
Mercurius (de)	Merkuri (m)	[mɛrkúri]
Uranus (de)	Urani (m)	[uráni]
Neptunus (de)	Neptuni (m)	[nɛptúni]
Pluto (de)	Pluto (f)	[plúto]
Melkweg (de)	Rruga e Qumështit (f)	[rúga ɛ cúməʃtit]
Grote Beer (de)	Arusha e Madhe (f)	[arúʃa ɛ máðɛ]
Poolster (de)	ylli i Veriut (m)	[ýɫi i vériut]
marsmannetje (het)	Marsian (m)	[marsián]
buitenaards wezen (het)	jashtëtokësor (m)	[jaʃtətokəsór]

bovenaards (het)	alien (m)	[alién]
vliegende schotel (de)	disk fluturues (m)	[dísk fluturúɛs]
ruimtevaartuig (het)	anije kozmike (f)	[aníjɛ kozmíkɛ]
ruimtestation (het)	stacion kozmik (m)	[statsión kozmík]
start (de)	ngritje (f)	[ŋrítjɛ]
motor (de)	motor (m)	[motór]
straalpijp (de)	dizë (f)	[dízə]
brandstof (de)	karburant (m)	[karburánt]
cabine (de)	kabinë pilotimi (f)	[kabínə pilotími]
antenne (de)	antenë (f)	[anténə]
patrijspoort (de)	dritare anësore (f)	[dritárɛ anəsórɛ]
zonnebatterij (de)	panel solar (m)	[panél solár]
ruimtepak (het)	veshje astronauti (f)	[véʃjɛ astronáuti]
gewichtloosheid (de)	mungesë graviteti (f)	[muŋésə gravitéti]
zuurstof (de)	oksigjen (m)	[oksiɟén]
koppeling (de)	ndërlidhje në hapësirë (f)	[ndərlíðjɛ nə hapəsírə]
koppeling maken	stacionohem	[statsionóhɛm]
observatorium (het)	observator (m)	[obsɛrvatór]
telescoop (de)	teleskop (m)	[tɛlɛskóp]
waarnemen (ww)	vëzhgoj	[vəʒgój]
exploreren (ww)	eksploroj	[ɛksplorój]

165. De Aarde

Aarde (de)	Toka (f)	[tóka]
aardbol (de)	globi (f)	[glóbi]
planeet (de)	planet (m)	[planét]
atmosfeer (de)	atmosferë (f)	[atmosférə]
aardrijkskunde (de)	gjeografi (f)	[ɟɛografí]
natuur (de)	natyrë (f)	[natýrə]
wereldbol (de)	glob (m)	[glob]
kaart (de)	hartë (f)	[hártə]
atlas (de)	atlas (m)	[atlás]
Europa (het)	Evropa (f)	[ɛvrópa]
Azië (het)	Azia (f)	[azía]
Afrika (het)	Afrika (f)	[afríka]
Australië (het)	Australia (f)	[australía]
Amerika (het)	Amerika (f)	[amɛríka]
Noord-Amerika (het)	Amerika Veriore (f)	[amɛríka vɛriórɛ]
Zuid-Amerika (het)	Amerika Jugore (f)	[amɛríka jugórɛ]
Antarctica (het)	Antarktika (f)	[antarktíka]
Arctis (de)	Arktiku (m)	[arktíku]

166. Windrichtingen

noorden (het)	**veri** (m)	[vɛrí]
naar het noorden	**drejt veriut**	[dréjt vériut]
in het noorden	**në veri**	[nə vɛrí]
noordelijk (bn)	**verior**	[vɛriór]
zuiden (het)	**jug** (m)	[jug]
naar het zuiden	**drejt jugut**	[dréjt júgut]
in het zuiden	**në jug**	[nə jug]
zuidelijk (bn)	**jugor**	[jugór]
westen (het)	**perëndim** (m)	[pɛrəndím]
naar het westen	**drejt perëndimit**	[dréjt pɛrəndímit]
in het westen	**në perëndim**	[nə pɛrəndím]
westelijk (bn)	**perëndimor**	[pɛrəndimór]
oosten (het)	**lindje** (f)	[líndjɛ]
naar het oosten	**drejt lindjes**	[dréjt líndjɛs]
in het oosten	**në lindje**	[nə líndjɛ]
oostelijk (bn)	**lindor**	[lindór]

167. Zee. Oceaan

zee (de)	**det** (m)	[dét]
oceaan (de)	**oqean** (m)	[ocɛán]
golf (baai)	**gji** (m)	[ɟi]
straat (de)	**ngushticë** (f)	[ŋuʃtítsə]
grond (vaste grond)	**tokë** (f)	[tókə]
continent (het)	**kontinent** (m)	[kontinént]
eiland (het)	**ishull** (m)	[íʃuɬ]
schiereiland (het)	**gadishull** (m)	[gadíʃuɬ]
archipel (de)	**arkipelag** (m)	[arkipɛlág]
baai, bocht (de)	**gji** (m)	[ɟi]
haven (de)	**port** (m)	[port]
lagune (de)	**lagunë** (f)	[lagúnə]
kaap (de)	**kep** (m)	[kɛp]
atol (de)	**atol** (m)	[atól]
rif (het)	**shkëmb nënujor** (m)	[ʃkəmb nənujór]
koraal (het)	**koral** (m)	[korál]
koraalrif (het)	**korale nënujorë** (f)	[korálɛ nənujórə]
diep (bn)	**i thellë**	[i θéɬə]
diepte (de)	**thellësi** (f)	[θɛɬəsí]
diepzee (de)	**humnerë** (f)	[humnérə]
trog (bijv. Marianentrog)	**hendek** (m)	[hɛndék]
stroming (de)	**rrymë** (f)	[rýmə]
omspoelen (ww)	**rrethohet**	[rɛθóhɛt]

| oever (de) | breg (m) | [brɛg] |
| kust (de) | bregdet (m) | [brɛgdét] |

vloed (de)	batica (f)	[batítsa]
eb (de)	zbaticë (f)	[zbatítsə]
ondiepte (ondiep water)	cekëtinë (f)	[tsɛkətínə]
bodem (de)	fund i detit (m)	[fúnd i détit]

golf (hoge ~)	dallgë (f)	[dáɫgə]
golfkam (de)	kreshtë (f)	[kréʃtə]
schuim (het)	shkumë (f)	[ʃkúmə]

storm (de)	stuhi (f)	[stuhí]
orkaan (de)	uragan (m)	[uragán]
tsunami (de)	cunam (m)	[tsunám]
windstilte (de)	qetësi (f)	[cɛtəsí]
kalm (bijv. ~e zee)	i qetë	[i cétə]

| pool (de) | pol (m) | [pol] |
| polair (bn) | polar | [polár] |

breedtegraad (de)	gjerësi (f)	[ɟɛrəsí]
lengtegraad (de)	gjatësi (f)	[ɟatəsí]
parallel (de)	paralele (f)	[paralélɛ]
evenaar (de)	ekuator (m)	[ɛkuatór]

hemel (de)	qiell (m)	[cíɛɫ]
horizon (de)	horizont (m)	[horizónt]
lucht (de)	ajër (m)	[ájər]

vuurtoren (de)	fanar (m)	[fanár]
duiken (ww)	zhytem	[ʒýtɛm]
zinken (ov. een boot)	fundosje	[fundósjɛ]
schatten (mv.)	thesare (pl)	[θɛsárɛ]

168. Bergen

berg (de)	mal (m)	[mal]
bergketen (de)	vargmal (m)	[vargmál]
gebergte (het)	kresht malor (m)	[kréʃt malór]

bergtop (de)	majë (f)	[májə]
bergpiek (de)	maja më e lartë (f)	[mája mə ɛ lártə]
voet (ov. de berg)	rrëza e malit (f)	[rəza ɛ málit]
helling (de)	shpat (m)	[ʃpat]

vulkaan (de)	vullkan (m)	[vuɫkán]
actieve vulkaan (de)	vullkan aktiv (m)	[vuɫkán aktív]
uitgedoofde vulkaan (de)	vullkan i fjetur (m)	[vuɫkán i fjétur]

uitbarsting (de)	shpërthim (m)	[ʃpərθím]
krater (de)	krater (m)	[kratér]
magma (het)	magmë (f)	[mágmə]
lava (de)	llavë (f)	[ɫávə]

gloeiend (~e lava)	i shkrirë	[i ʃkrírə]
kloof (canyon)	kanion (m)	[kanión]
bergkloof (de)	grykë (f)	[grýkə]
spleet (de)	çarje (f)	[tʃárjɛ]
afgrond (de)	humnerë (f)	[humnérə]

bergpas (de)	kalim (m)	[kalím]
plateau (het)	pllajë (f)	[pɫájə]
klip (de)	shkëmb (m)	[ʃkəmb]
heuvel (de)	kodër (f)	[kódər]

gletsjer (de)	akullnajë (f)	[akuɫnájə]
waterval (de)	ujëvarë (f)	[ujəvárə]
geiser (de)	gejzer (m)	[gɛjzér]
meer (het)	liqen (m)	[licén]

vlakte (de)	fushë (f)	[fúʃə]
landschap (het)	peizazh (m)	[pɛizáʒ]
echo (de)	jehonë (f)	[jɛhónə]

alpinist (de)	alpinist (m)	[alpiníst]
bergbeklimmer (de)	alpinist shkëmbßinjsh (m)	[alpiníst ʃkəmbiɲʃ]
trotseren (berg ~)	pushtoj majën	[puʃtój májən]
beklimming (de)	ngjitje (f)	[ɲítjɛ]

169. Rivieren

rivier (de)	lum (m)	[lum]
bron (~ van een rivier)	burim (m)	[burím]
riverbedding (de)	shtrat lumi (m)	[ʃtrat lúmi]
riverbekken (het)	basen (m)	[basén]
uitmonden in ...	rrjedh ...	[rjéð ...]

zijrivier (de)	derdhje (f)	[dérðjɛ]
oever (de)	breg (m)	[brɛg]

stroming (de)	rrymë (f)	[rýmə]
stroomafwaarts (bw)	rrjedhje e poshtme	[rjéðjɛ ɛ póʃtmɛ]
stroomopwaarts (bw)	rrjedhje e sipërme	[rjéðjɛ ɛ sípərmɛ]

overstroming (de)	vërshim (m)	[vərʃím]
overstroming (de)	përmbytje (f)	[pərmbýtjɛ]
buiten zijn oevers treden	vërshon	[vərʃón]
overstromen (ww)	përmbytet	[pərmbýtɛt]

zandbank (de)	cekëtinë (f)	[tsɛkətínə]
stroomversnelling (de)	rrjedhë (f)	[rjéðə]

dam (de)	digë (f)	[dígə]
kanaal (het)	kanal (m)	[kanál]
spaarbekken (het)	rezervuar (m)	[rɛzɛrvuár]
sluis (de)	pendë ujore (f)	[péndə ujórɛ]
waterlichaam (het)	plan hidrik (m)	[plan hidrík]
moeras (het)	kënetë (f)	[kənétə]

| broek (het) | moçal (m) | [motʃ ál] |
| draaikolk (de) | vorbull (f) | [vórbuɫ] |

stroom (de)	përrua (f)	[pərúa]
drink- (abn)	i pijshëm	[i píjʃəm]
zoet (~ water)	i freskët	[i fréskət]

| ijs (het) | akull (m) | [ákuɫ] |
| bevriezen (rivier, enz.) | ngrihet | [ŋríhɛt] |

170. Bos

| bos (het) | pyll (m) | [pyɫ] |
| bos- (abn) | pyjor | [pyjór] |

oerwoud (dicht bos)	pyll i ngjeshur (m)	[pyɫ i ɲéʃur]
bosje (klein bos)	zabel (m)	[zabél]
open plek (de)	lëndinë (f)	[ləndínə]

| struikgewas (het) | pyllëz (m) | [pýɫəz] |
| struiken (mv.) | shkurre (f) | [ʃkúrɛ] |

| paadje (het) | shteg (m) | [ʃtɛg] |
| ravijn (het) | hon (m) | [hon] |

boom (de)	pemë (f)	[pémə]
blad (het)	gjeth (m)	[ɟɛθ]
gebladerte (het)	gjethe (pl)	[ɟéθɛ]

vallende bladeren (mv.)	rënie e gjetheve (f)	[rəníɛ ɛ ɟéθɛvɛ]
vallen (ov. de bladeren)	bien	[bíɛn]
boomtop (de)	maje (f)	[májɛ]

tak (de)	degë (f)	[dégə]
ent (de)	degë (f)	[dégə]
knop (de)	syth (m)	[syθ]
naald (de)	shtiza pishe (f)	[ʃtíza píʃɛ]
dennenappel (de)	lule pishe (f)	[lúlɛ píʃɛ]

boom holte (de)	zgavër (f)	[zgávər]
nest (het)	fole (f)	[folé]
hol (het)	strofull (f)	[strófuɫ]

stam (de)	trung (m)	[truŋ]
wortel (bijv. boom~s)	rrënjë (f)	[réɲə]
schors (de)	lëvore (f)	[ləvórɛ]
mos (het)	myshk (m)	[myʃk]

ontwortelen (een boom)	shkul	[ʃkul]
kappen (een boom ~)	pres	[prɛs]
ontbossen (ww)	shpyllëzoj	[ʃpyɫəzój]
stronk (de)	cung (m)	[tsúŋ]
kampvuur (het)	zjarr kampingu (m)	[zjar kampíŋu]
bosbrand (de)	zjarr në pyll (m)	[zjar nə pyɫ]

blussen (ww)	shuaj	[ʃúaj]
boswachter (de)	roje pyjore (f)	[rójɛ pyjórɛ]
bescherming (de)	mbrojtje (f)	[mbrójtjɛ]
beschermen	mbroj	[mbrój]
(bijv. de natuur ~)		
stroper (de)	gjahtar i jashtëligjshëm (m)	[ɟahtár i jaʃtəlíɟʃəm]
val (de)	grackë (f)	[grátskə]

plukken (vruchten, enz.)	mbledh	[mbléð]
verdwalen (de weg kwijt zijn)	humb rrugën	[húmb rúgən]

171. Natuurlijke hulpbronnen

natuurlijke rijkdommen (mv.)	burime natyrore (pl)	[burímɛ natyrórɛ]
delfstoffen (mv.)	minerale (pl)	[minɛrálɛ]
lagen (mv.)	depozita (pl)	[dɛpozíta]
veld (bijv. olie~)	fushë (f)	[fúʃə]

winnen (uit erts ~)	nxjerr	[ndzjér]
winning (de)	nxjerrje mineralesh (f)	[ndzjérjɛ minɛrálɛʃ]
erts (het)	xehe (f)	[dzéhɛ]
mijn (bijv. kolenmijn)	minierë (f)	[miniérə]
mijnschacht (de)	nivel (m)	[nivél]
mijnwerker (de)	minator (m)	[minatór]

gas (het)	gaz (m)	[gaz]
gasleiding (de)	gazsjellës (m)	[gazsjéɫəs]

olie (aardolie)	naftë (f)	[náftə]
olieleiding (de)	naftësjellës (f)	[naftəsjéɫəs]
oliebron (de)	pus nafte (m)	[pus náftɛ]
boortoren (de)	burim nafte (m)	[burím náftɛ]
tanker (de)	anije-cisternë (f)	[aníjɛ-tsistérnə]

zand (het)	rërë (f)	[rérə]
kalksteen (de)	gur gëlqeror (m)	[gur gəlcɛrór]
grind (het)	zhavorr (m)	[ʒavór]
veen (het)	torfë (f)	[tórfə]
klei (de)	argjilë (f)	[arɟílə]
steenkool (de)	qymyr (m)	[cymýr]

ijzer (het)	hekur (m)	[hékur]
goud (het)	ar (m)	[ár]
zilver (het)	argjend (m)	[arɟénd]
nikkel (het)	nikel (m)	[nikél]
koper (het)	bakër (m)	[bákər]

zink (het)	zink (m)	[zink]
mangaan (het)	mangan (m)	[maɲán]
kwik (het)	merkur (m)	[mɛrkúr]
lood (het)	plumb (m)	[plúmb]

mineraal (het)	mineral (m)	[minɛrál]
kristal (het)	kristal (m)	[kristál]

marmer (het)	**mermer** (m)	[mɛrmér]
uraan (het)	**uranium** (m)	[uraniúm]

De Aarde. Deel 2

172. Weer

weer (het)	moti (m)	[móti]
weersvoorspelling (de)	parashikimi i motit (m)	[paraʃikími i mótit]
temperatuur (de)	temperaturë (f)	[tɛmpɛratúrə]
thermometer (de)	termometër (m)	[tɛrmométər]
barometer (de)	barometër (m)	[barométər]
vochtig (bn)	i lagësht	[i lágəʃt]
vochtigheid (de)	lagështi (f)	[lagəʃtí]
hitte (de)	vapë (f)	[vápə]
heet (bn)	shumë nxehtë	[ʃúmə ndzéhtə]
het is heet	është nxehtë	[éʃtə ndzéhtə]
het is warm	është ngrohtë	[éʃtə ŋróhtə]
warm (bn)	ngrohtë	[ŋróhtə]
het is koud	bën ftohtë	[bən ftóhtə]
koud (bn)	i ftohtë	[i ftóhtə]
zon (de)	diell (m)	[díɛɫ]
schijnen (de zon)	ndriçon	[ndritʃón]
zonnig (~e dag)	me diell	[mɛ díɛɫ]
opgaan (ov. de zon)	agon	[agón]
ondergaan (ww)	perëndon	[pɛrəndón]
wolk (de)	re (f)	[rɛ]
bewolkt (bn)	vranët	[vránət]
regenwolk (de)	re shiu (f)	[rɛ ʃíu]
somber (bn)	vranët	[vránət]
regen (de)	shi (m)	[ʃi]
het regent	bie shi	[bíɛ ʃi]
regenachtig (bn)	me shi	[mɛ ʃi]
motregenen (ww)	shi i imët	[ʃi i ímət]
plensbui (de)	shi litar (m)	[ʃi litár]
stortbui (de)	stuhi shiu (f)	[stuhí ʃíu]
hard (bn)	i fortë	[i fórtə]
plas (de)	brakë (f)	[brákə]
nat worden (ww)	lagem	[lágɛm]
mist (de)	mjegull (f)	[mjéguɫ]
mistig (bn)	e mjegullt	[ɛ mjéguɫt]
sneeuw (de)	borë (f)	[bórə]
het sneeuwt	bie borë	[bíɛ bórə]

173. Zwaar weer. Natuurrampen

noodweer (storm)	stuhi (f)	[stuhſ]
bliksem (de)	vetëtimë (f)	[vɛtətímə]
flitsen (ww)	vetëton	[vɛtətón]
donder (de)	bubullimë (f)	[bubuɫímə]
donderen (ww)	bubullon	[bubuɫón]
het dondert	bubullon	[bubuɫón]
hagel (de)	breshër (m)	[bréʃər]
het hagelt	po bie breshër	[po biɛ bréʃər]
overstromen (ww)	përmbytet	[pərmbýtɛt]
overstroming (de)	përmbytje (f)	[pərmbýtjɛ]
aardbeving (de)	tërmet (m)	[tərmét]
aardschok (de)	lëkundje (f)	[ləkúndjɛ]
epicentrum (het)	epiqendër (f)	[ɛpicéndər]
uitbarsting (de)	shpërthim (m)	[ʃpərθím]
lava (de)	llavë (f)	[ɫávə]
wervelwind (de)	vorbull (f)	[vórbuɫ]
windhoos (de)	tornado (f)	[tornádo]
tyfoon (de)	tajfun (m)	[tajfún]
orkaan (de)	uragan (m)	[uragán]
storm (de)	stuhi (f)	[stuhſ]
tsunami (de)	cunam (m)	[tsunám]
cycloon (de)	ciklon (m)	[tsiklón]
onweer (het)	mot i keq (m)	[mot i kɛc]
brand (de)	zjarr (m)	[zjar]
ramp (de)	fatkeqësi (f)	[fatkɛcəsí]
meteoriet (de)	meteor (m)	[mɛtɛór]
lawine (de)	ortek (m)	[orték]
sneeuwverschuiving (de)	rrëshqitje bore (f)	[rəʃcítjɛ bórɛ]
sneeuwjacht (de)	stuhi bore (f)	[stuhí bórɛ]
sneeuwstorm (de)	stuhi bore (f)	[stuhí bórɛ]

Fauna

174. Zoogdieren. Roofdieren

roofdier (het)	**grabitqar** (m)	[grabitcár]
tijger (de)	**tigër** (m)	[tígər]
leeuw (de)	**luan** (m)	[luán]
wolf (de)	**ujk** (m)	[ujk]
vos (de)	**dhelpër** (f)	[ðélpər]
jaguar (de)	**jaguar** (m)	[jaguár]
luipaard (de)	**leopard** (m)	[lɛopárd]
jachtluipaard (de)	**gepard** (m)	[gɛpárd]
panter (de)	**panterë e zezë** (f)	[pantérə ɛ zézə]
poema (de)	**puma** (f)	[púma]
sneeuwluipaard (de)	**leopard i borës** (m)	[lɛopárd i bórəs]
lynx (de)	**rrëqebull** (m)	[rəcébuɫ]
coyote (de)	**kojotë** (f)	[kojótə]
jakhals (de)	**çakall** (m)	[tʃakáɫ]
hyena (de)	**hienë** (f)	[hiénə]

175. Wilde dieren

dier (het)	**kafshë** (f)	[káfʃə]
beest (het)	**bishë** (f)	[bíʃə]
eekhoorn (de)	**ketër** (m)	[kétər]
egel (de)	**iriq** (m)	[iríc]
haas (de)	**lepur i egër** (m)	[lépur i égər]
konijn (het)	**lepur** (m)	[lépur]
das (de)	**vjedull** (f)	[vjéduɫ]
wasbeer (de)	**rakun** (m)	[rakún]
hamster (de)	**hamster** (m)	[hamstér]
marmot (de)	**marmot** (m)	[maɾmót]
mol (de)	**urith** (m)	[uríθ]
muis (de)	**mi** (m)	[mi]
rat (de)	**mi** (m)	[mi]
vleermuis (de)	**lakuriq** (m)	[lakuríc]
hermelijn (de)	**herminë** (f)	[hɛrmínə]
sabeldier (het)	**kunadhe** (f)	[kunáðɛ]
marter (de)	**shqarth** (m)	[ʃcarθ]
wezel (de)	**nuselalë** (f)	[nusɛlálə]
nerts (de)	**vizon** (m)	[vizón]

bever (de)	**kastor** (m)	[kastór]
otter (de)	**vidër** (f)	[vídər]

paard (het)	**kali** (m)	[káli]
eland (de)	**dre brilopatë** (m)	[drɛ brilopátə]
hert (het)	**dre** (f)	[drɛ]
kameel (de)	**deve** (f)	[dévɛ]

bizon (de)	**bizon** (m)	[bizón]
wisent (de)	**bizon evropian** (m)	[bizón ɛvropián]
buffel (de)	**buall** (m)	[búaɫ]

zebra (de)	**zebër** (f)	[zébər]
antilope (de)	**antilopë** (f)	[antilópə]
ree (de)	**dre** (f)	[drɛ]
damhert (het)	**dre ugar** (m)	[drɛ ugár]
gems (de)	**kamosh** (m)	[kamóʃ]
everzwijn (het)	**derr i egër** (m)	[dér i égər]

walvis (de)	**balenë** (f)	[balénə]
rob (de)	**fokë** (f)	[fókə]
walrus (de)	**lopë deti** (f)	[lópə déti]
zeebeer (de)	**fokë** (f)	[fókə]
dolfijn (de)	**delfin** (m)	[dɛlfín]

beer (de)	**ari** (m)	[arí]
ijsbeer (de)	**ari polar** (m)	[arí polár]
panda (de)	**panda** (f)	[pánda]

aap (de)	**majmun** (m)	[majmún]
chimpansee (de)	**shimpanze** (f)	[ʃimpánzɛ]
orang-oetan (de)	**orangutan** (m)	[oraŋután]
gorilla (de)	**gorillë** (f)	[goríɫə]
makaak (de)	**majmun makao** (m)	[majmún makáo]
gibbon (de)	**gibon** (m)	[gibón]

olifant (de)	**elefant** (m)	[ɛlɛfánt]
neushoorn (de)	**rinoqeront** (m)	[rinocɛrónt]
giraffe (de)	**gjirafë** (f)	[ɟiráfə]
nijlpaard (het)	**hipopotam** (m)	[hipopotám]

kangoeroe (de)	**kangur** (m)	[kaŋúr]
koala (de)	**koala** (f)	[koála]

mangoest (de)	**mangustë** (f)	[maŋústə]
chinchilla (de)	**çinçila** (f)	[tʃintʃíla]
stinkdier (het)	**qelbës** (m)	[célbəs]
stekelvarken (het)	**ferrëgjatë** (m)	[fɛrəɟátə]

176. Huisdieren

poes (de)	**mace** (f)	[mátsɛ]
kater (de)	**maçok** (m)	[matʃók]
hond (de)	**qen** (m)	[cɛn]

paard (het)	kali (m)	[káli]
hengst (de)	hamshor (m)	[hamʃór]
merrie (de)	pelë (f)	[pélə]

koe (de)	lopë (f)	[lópə]
bul, stier (de)	dem (m)	[dém]
os (de)	ka (m)	[ka]

schaap (het)	dele (f)	[délɛ]
ram (de)	dash (m)	[daʃ]
geit (de)	dhi (f)	[ði]
bok (de)	cjap (m)	[tsjáp]

| ezel (de) | gomar (m) | [gomár] |
| muilezel (de) | mushkë (f) | [múʃkə] |

varken (het)	derr (m)	[dɛr]
biggetje (het)	derrkuc (m)	[dɛrkúts]
konijn (het)	lepur (m)	[lépur]

| kip (de) | pulë (f) | [púlə] |
| haan (de) | gjel (m) | [ɟél] |

eend (de)	rosë (f)	[rósə]
woerd (de)	rosak (m)	[rosák]
gans (de)	patë (f)	[pátə]

| kalkoen haan (de) | gjel deti i egër (m) | [ɟél déti i égər] |
| kalkoen (de) | gjel deti (m) | [ɟél déti] |

huisdieren (mv.)	kafshë shtëpiake (f)	[káfʃə ʃtəpiákɛ]
tam (bijv. hamster)	i zbutur	[i zbútur]
temmen (tam maken)	zbus	[zbus]
fokken (bijv. paarden ~)	rrit	[rit]

boerderij (de)	fermë (f)	[férmə]
gevogelte (het)	pulari (f)	[pularí]
rundvee (het)	bagëti (f)	[bagətí]
kudde (de)	kope (f)	[kopé]

paardenstal (de)	stallë (f)	[stáɫə]
zwijnenstal (de)	stallë e derrave (f)	[stáɫə ɛ déravɛ]
koeienstal (de)	stallë e lopëve (f)	[stáɫə ɛ lópəvɛ]
konijnenhok (het)	kolibe lepujsh (f)	[kolíbɛ lépujʃ]
kippenhok (het)	kotec (m)	[kotéts]

177. Honden. Hondenrassen

hond (de)	qen (m)	[cɛn]
herdershond (de)	qen dhensh (m)	[cɛn ðɛnʃ]
Duitse herdershond (de)	pastor gjerman (m)	[pastór ɟɛrmán]
poedel (de)	pudël (f)	[púdəl]
teckel (de)	dakshund (m)	[dákshund]
buldog (de)	bulldog (m)	[buɫdóg]

boxer (de)	bokser (m)	[boksér]
mastiff (de)	mastif (m)	[mastíf]
rottweiler (de)	rotvailer (m)	[rotvailér]
doberman (de)	doberman (m)	[dobɛrmán]

basset (de)	baset (m)	[basét]
bobtail (de)	bishtshkurtër (m)	[biʃtʃkúrtər]
dalmatièr (de)	dalmat (m)	[dalmát]
cockerspaniël (de)	koker spaniel (m)	[kokér spaniél]

| Newfoundlander (de) | terranova (f) | [tɛranóva] |
| sint-bernard (de) | Seint-Bernard (m) | [séint-bɛrnárd] |

husky (de)	haski (m)	[háski]
chowchow (de)	çau çau (m)	[tʃáu tʃáu]
spits (de)	dhelpërush (m)	[ðɛlpərúʃ]
mopshond (de)	karlino (m)	[karlíno]

178. Dierengeluiden

geblaf (het)	lehje (f)	[léhjɛ]
blaffen (ww)	leh	[lɛh]
miauwen (ww)	mjaullin	[mjauɫín]
spinnen (katten)	gërhimë	[gərhímə]

loeien (ov. een koe)	bën mu	[bən mú]
brullen (stier)	pëllet	[pəɫét]
grommen (ov. de honden)	hungërin	[huŋərín]

gehuil (het)	hungërimë (f)	[huŋərímə]
huilen (wolf, enz.)	hungëroj	[huŋərój]
janken (ov. een hond)	angullin	[aɲuɫín]

mekkeren (schapen)	blegërin	[blɛgərín]
knorren (varkens)	hungërin	[huŋərín]
gillen (bijv. varken)	klith	[kliθ]

kwaken (kikvorsen)	bën kuak	[bən kuák]
zoemen (hommel, enz.)	zukat	[zukát]
tjirpen (sprinkhanen)	gumëzhin	[gumɐʒín]

179. Vogels

vogel (de)	zog (m)	[zog]
duif (de)	pëllumb (m)	[pəɫúmb]
mus (de)	harabel (m)	[harabél]
koolmees (de)	xhixhimës (m)	[dʒidʒimés]
ekster (de)	laraskë (f)	[laráskə]

raaf (de)	korb (m)	[korb]
kraai (de)	sorrë (f)	[sórə]
kauw (de)	galë (f)	[gálə]

roek (de)	sorrë (f)	[sórə]
eend (de)	rosë (f)	[rósə]
gans (de)	patë (f)	[pátə]
fazant (de)	fazan (m)	[fazán]

arend (de)	shqiponjë (f)	[ʃcipóɲə]
havik (de)	gjeraqinë (f)	[ɟɛracínə]
valk (de)	fajkua (f)	[fajkúa]

| gier (de) | hutë (f) | [hútə] |
| condor (de) | kondor (m) | [kondór] |

zwaan (de)	mjellmë (f)	[mjéɫmə]
kraanvogel (de)	lejlek (m)	[lɛjlék]
ooievaar (de)	lejlek (m)	[lɛjlék]

papegaai (de)	papagall (m)	[papagáɫ]
kolibrie (de)	kolibri (m)	[kolíbri]
pauw (de)	pallua (m)	[paɫúa]

| struisvogel (de) | struc (m) | [struts] |
| reiger (de) | çafkë (f) | [tʃáfkə] |

| flamingo (de) | flamingo (m) | [flamíŋo] |
| pelikaan (de) | pelikan (m) | [pɛlikán] |

| nachtegaal (de) | bilbil (m) | [bilbíl] |
| zwaluw (de) | dallëndyshe (f) | [daɫəndýʃɛ] |

lijster (de)	mëllenjë (f)	[məɫéɲə]
zanglijster (de)	grifsha (f)	[gríʃʃa]
merel (de)	mëllenjë (f)	[məɫéɲə]

gierzwaluw (de)	dallëndyshe (f)	[daɫəndýʃɛ]
leeuwerik (de)	thëllëzë (f)	[θəɫézə]
kwartel (de)	trumcak (m)	[trumtsák]

specht (de)	qukapik (m)	[cukapík]
koekoek (de)	kukuvajkë (f)	[kukuvájkə]
uil (de)	buf (m)	[buf]
oehoe (de)	buf mbretëror (m)	[buf mbrɛtərór]
auerhoen (het)	fazan i pyllit (m)	[fazán i pýɫit]

| korhoen (het) | fazan i zi (m) | [fazán i zí] |
| patrijs (de) | thëllëzë (f) | [θəɫézə] |

spreeuw (de)	gargull (m)	[gárguɫ]
kanarie (de)	kanarinë (f)	[kanarínə]
hazelhoen (het)	fazan mali (m)	[fazán máli]

| vink (de) | trishtil (m) | [triʃtíl] |
| goudvink (de) | trishtil dimri (m) | [triʃtíl dímri] |

meeuw (de)	pulëbardhë (f)	[puləbárðə]
albatros (de)	albatros (m)	[albatrós]
pinguïn (de)	penguin (m)	[pɛŋuín]

180. Vogels. Zingen en geluiden

fluiten, zingen (ww)	këndoj	[kəndój]
schreeuwen (dieren, vogels)	thërras	[θərás]
kraaien (ov. een haan)	kakaris	[kakarís]
kukeleku	kikiriku	[kikiríku]
klokken (hen)	kakaris	[kakarís]
krassen (kraai)	krokas	[krokás]
kwaken (eend)	bën kuak kuak	[bən kuák kuák]
piepen (kuiken)	pisket	[piskét]
tjilpen (bijv. een mus)	cicëroj	[tsitsərój]

181. Vis. Zeedieren

brasem (de)	krapuliq (m)	[krapulíc]
karper (de)	krap (m)	[krap]
baars (de)	perç (m)	[pɛrtʃ]
meerval (de)	mustak (m)	[musták]
snoek (de)	mlysh (m)	[mlýʃ]
zalm (de)	salmon (m)	[salmón]
steur (de)	bli (m)	[blí]
haring (de)	harengë (f)	[haréŋə]
atlantische zalm (de)	salmon Atlantiku (m)	[salmón atlantíku]
makreel (de)	skumbri (m)	[skúmbri]
platvis (de)	shojzë (f)	[ʃójzə]
snoekbaars (de)	troftë (f)	[tróftə]
kabeljauw (de)	merluc (m)	[mɛrlúts]
tonijn (de)	tunë (f)	[túnə]
forel (de)	troftë (f)	[tróftə]
paling (de)	ngjalë (f)	[nɟálə]
sidderrog (de)	peshk elektrik (m)	[pɛʃk ɛlɛktrík]
murene (de)	ngjalë morel (f)	[nɟálə morél]
piranha (de)	piranja (f)	[piráɲa]
haai (de)	peshkaqen (m)	[pɛʃkacén]
dolfijn (de)	delfin (m)	[dɛlfín]
walvis (de)	balenë (f)	[balénə]
krab (de)	gaforre (f)	[gafórɛ]
kwal (de)	kandil deti (m)	[kandíl déti]
octopus (de)	oktapod (m)	[oktapód]
zeester (de)	yll deti (m)	[yɫ déti]
zee-egel (de)	iriq deti (m)	[iríc déti]
zeepaardje (het)	kalë deti (m)	[kálə déti]
oester (de)	midhje (f)	[míðjɛ]
garnaal (de)	karkalec (m)	[karkaléts]

| kreeft (de) | karavidhe (f) | [karavíðɛ] |
| langoest (de) | karavidhe (f) | [karavíðɛ] |

182. Amfibieën. Reptielen

| slang (de) | gjarpër (m) | [ɟárpər] |
| giftig (slang) | helmues | [hɛlmúɛs] |

adder (de)	nepërka (f)	[nɛpérka]
cobra (de)	kobra (f)	[kóbra]
python (de)	piton (m)	[pitón]
boa (de)	boa (f)	[bóa]

ringslang (de)	kular (m)	[kulár]
ratelslang (de)	gjarpër me zile (m)	[ɟárpər mɛ zílɛ]
anaconda (de)	anakonda (f)	[anakónda]

hagedis (de)	hardhucë (f)	[harðútsə]
leguaan (de)	iguana (f)	[iguána]
varaan (de)	varan (m)	[varán]
salamander (de)	salamandër (f)	[salamándər]
kameleon (de)	kameleon (m)	[kamɛlɛón]
schorpioen (de)	akrep (m)	[akrép]

schildpad (de)	breshkë (f)	[bréʃkə]
kikker (de)	bretkosë (f)	[brɛtkósə]
pad (de)	zhabë (f)	[ʒábə]
krokodil (de)	krokodil (m)	[krokodíl]

183. Insecten

insect (het)	insekt (m)	[insékt]
vlinder (de)	flutur (f)	[flútur]
mier (de)	milingonë (f)	[miliŋónə]
vlieg (de)	mizë (f)	[mízə]
mug (de)	mushkonjë (f)	[muʃkóɲə]
kever (de)	brumbull (m)	[brúmbuɫ]

wesp (de)	grerëz (f)	[grérəz]
bij (de)	bletë (f)	[blétə]
hommel (de)	greth (m)	[grɛθ]
horzel (de)	zekth (m)	[zɛkθ]

| spin (de) | merimangë (f) | [mɛrimáŋə] |
| spinnenweb (het) | rrjetë merimange (f) | [rjétə mɛrimáɲɛ] |

libel (de)	pilivesë (f)	[pilivésə]
sprinkhaan (de)	karkalec (m)	[karkaléts]
nachtvlinder (de)	molë (f)	[mólə]

| kakkerlak (de) | kacabu (f) | [katsabú] |
| teek (de) | rriqër (m) | [ríɕər] |

| vlo (de) | plesht (m) | [plɛʃt] |
| kriebelmug (de) | mushicë (f) | [muʃítsə] |

treksprinkhaan (de)	gjinkallë (f)	[ɟinkátə]
slak (de)	kërmill (m)	[kərmíɫ]
krekel (de)	bulkth (m)	[búlkθ]
glimworm (de)	xixëllonjë (f)	[dzidzəɫóɲə]
lieveheersbeestje (het)	mollëkuqe (f)	[moɫəkúcɛ]
meikever (de)	vizhë (f)	[víʒə]

bloedzuiger (de)	shushunjë (f)	[ʃuʃúɲə]
rups (de)	vemje (f)	[vémjɛ]
aardworm (de)	krimb toke (m)	[krímb tókɛ]
larve (de)	larvë (f)	[lárvə]

184. Dieren. Lichaamsdelen

snavel (de)	sqep (m)	[scɛp]
vleugels (mv.)	flatra (pl)	[flátra]
poot (ov. een vogel)	këmbë (f)	[kémbə]
verenkleed (het)	pupla (pl)	[púpla]
veer (de)	pupël (f)	[púpəl]
kuifje (het)	kreshtë (f)	[kréʃtə]

kieuwen (mv.)	velëz (f)	[véləz]
kuit, dril (de)	vezë peshku (f)	[vézə péʃku]
larve (de)	larvë (f)	[lárvə]
vin (de)	krah (m)	[krah]
schubben (mv.)	luspë (f)	[lúspə]

slagtand (de)	dhëmb prerës (m)	[ðəmb prérəs]
poot (bijv. ~ van een kat)	shputë (f)	[ʃpútə]
muil (de)	turi (m)	[turí]
bek (mond van dieren)	gojë (f)	[gójə]
staart (de)	bisht (m)	[biʃt]
snorharen (mv.)	mustaqe (f)	[mustácɛ]

| hoef (de) | thundër (f) | [θúndər] |
| hoorn (de) | bri (m) | [brí] |

schild (schildpad, enz.)	karapaks (m)	[karapáks]
schelp (de)	guaskë (f)	[guáskə]
eierschaal (de)	lëvozhgë veze (f)	[ləvóʒgə vézɛ]

| vacht (de) | qime (f) | [címɛ] |
| huid (de) | lëkurë kafshe (f) | [ləkúrə káfʃɛ] |

185. Dieren. Leefomgevingen

leefgebied (het)	banesë (f)	[banésə]
migratie (de)	migrim (m)	[migrím]
berg (de)	mal (m)	[mal]

rif (het)	shkëmb nënujor (m)	[ʃkəmb nənujór]
klip (de)	shkëmb (m)	[ʃkəmb]
bos (het)	pyll (m)	[pyɫ]
jungle (de)	xhungël (f)	[dʒúŋəl]
savanne (de)	savana (f)	[savána]
toendra (de)	tundra (f)	[túndra]
steppe (de)	stepa (f)	[stépa]
woestijn (de)	shkretëtirë (f)	[ʃkrɛtətírə]
oase (de)	oazë (f)	[oázə]
zee (de)	det (m)	[dét]
meer (het)	liqen (m)	[licén]
oceaan (de)	oqean (m)	[ocɛán]
moeras (het)	kënetë (f)	[kənétə]
zoetwater- (abn)	ujëra të ëmbla	[újəra tə əmbla]
vijver (de)	pellg (m)	[pɛɫg]
rivier (de)	lum (m)	[lum]
berenhol (het)	strofull (f)	[strófuɫ]
nest (het)	fole (f)	[folé]
boom holte (de)	zgavër (f)	[zgávər]
hol (het)	strofull (f)	[strófuɫ]
mierenhoop (de)	mal milingonash (m)	[mal miliŋónaʃ]

Flora

186. Bomen

boom (de)	pemë (f)	[pémə]
loof- (abn)	gjethor	[ɟɛθór]
dennen- (abn)	halor	[halór]
groenblijvend (bn)	përherë të gjelbra	[pərhérə tə ɟélbra]

appelboom (de)	pemë molle (f)	[pémə mótɛ]
perenboom (de)	pemë dardhe (f)	[pémə dárðɛ]
zoete kers (de)	pemë qershie (f)	[pémə cɛrʃíɛ]
zure kers (de)	pemë qershi vishnje (f)	[pémə cɛrʃí víʃɲɛ]
pruimelaar (de)	pemë kumbulle (f)	[pémə kúmbuɫɛ]

berk (de)	mështekna (f)	[məʃtékna]
eik (de)	lis (m)	[lis]
linde (de)	bli (m)	[blí]
esp (de)	plep i egër (m)	[plɛp i égər]
esdoorn (de)	panjë (f)	[páɲə]
spar (de)	bredh (m)	[brɛð]
den (de)	pishë (f)	[píʃə]
lariks (de)	larsh (m)	[lárʃ]
zilverspar (de)	bredh i bardhë (m)	[brɛð i bárðə]
ceder (de)	kedër (m)	[kédər]

populier (de)	plep (m)	[plɛp]
lijsterbes (de)	vadhë (f)	[váðə]
wilg (de)	shelg (m)	[ʃɛlg]
els (de)	verr (m)	[vɛr]
beuk (de)	ah (m)	[ah]
iep (de)	elm (m)	[élm]
es (de)	shelg (m)	[ʃɛlg]
kastanje (de)	gështenjë (f)	[gəʃtéɲə]

magnolia (de)	manjolia (f)	[maɲólia]
palm (de)	palma (f)	[pálma]
cipres (de)	qiparis (m)	[ciparís]

mangrove (de)	rizoforë (f)	[rizofórə]
baobab (apenbroodboom)	baobab (m)	[baobáb]
eucalyptus (de)	eukalipt (m)	[ɛukalípt]
mammoetboom (de)	sekuojë (f)	[sɛkuójə]

187. Heesters

struik (de)	shkurre (f)	[ʃkúrɛ]
heester (de)	kaçube (f)	[katʃúbɛ]

| wijnstok (de) | hardhi (f) | [harðí] |
| wijngaard (de) | vreshtë (f) | [vréʃtə] |

frambozenstruik (de)	mjedër (f)	[mjédər]
zwarte bes (de)	kaliboba e zezë (f)	[kalibóba ɛ zézə]
rode bessenstruik (de)	kaliboba e kuqe (f)	[kalibóba ɛ kúcɛ]
kruisbessenstruik (de)	shkurre kulumbrie (f)	[ʃkúrɛ kulumbríɛ]

acacia (de)	akacie (f)	[akátsiɛ]
zuurbes (de)	krespinë (f)	[krɛspínə]
jasmijn (de)	jasemin (m)	[jasɛmín]

jeneverbes (de)	dëllinjë (f)	[dəɬíɲə]
rozenstruik (de)	trëndafil (m)	[trəndafíl]
hondsroos (de)	trëndafil i egër (m)	[trəndafíl i égər]

188. Champignons

paddenstoel (de)	kërpudhë (f)	[kərpúðə]
eetbare paddenstoel (de)	kërpudhë ushqyese (f)	[kərpúðə uʃcýɛsɛ]
giftige paddenstoel (de)	kërpudhë helmuese (f)	[kərpúðə hɛlmúɛsɛ]
hoed (de)	koka e kërpudhës (f)	[kóka ɛ kərpúðəs]
steel (de)	bishti i kërpudhës (m)	[bíʃti i kərpúðəs]

eekhoorntjesbrood (het)	porcini (m)	[portsíni]
rosse populierboleet (de)	kërpudhë kapuç-verdhë (f)	[kərpúðə kapútʃ-vérðə]
berkenboleet (de)	porcinela (f)	[portsinéla]
cantharel (de)	shanterele (f)	[ʃantɛrélɛ]
russula (de)	rusula (f)	[rúsula]

morielje (de)	morele (f)	[morélɛ]
vliegenzwam (de)	kësulkuqe (f)	[kəsulkúcɛ]
groene knolamaniet (de)	kërpudha e vdekjes (f)	[kərpúða ɛ vdékjɛs]

189. Vruchten. Bessen

| vrucht (de) | frut (m) | [frut] |
| vruchten (mv.) | fruta (pl) | [frúta] |

appel (de)	mollë (f)	[móɬə]
peer (de)	dardhë (f)	[dárðə]
pruim (de)	kumbull (f)	[kúmbuɬ]

aardbei (de)	luleshtrydhe (f)	[lulɛʃtrýðɛ]
zure kers (de)	qershi vishnje (f)	[cɛrʃí víʃnɛ]
zoete kers (de)	qershi (f)	[cɛrʃí]
druif (de)	rrush (m)	[ruʃ]

framboos (de)	mjedër (f)	[mjédər]
zwarte bes (de)	kaliboba e zezë (f)	[kalibóba ɛ zézə]
rode bes (de)	kaliboba e kuqe (f)	[kalibóba ɛ kúcɛ]
kruisbes (de)	kulumbri (f)	[kulumbrí]

veenbes (de)	boronica (f)	[boronítsa]
sinaasappel (de)	portokall (m)	[portokátɬ]
mandarijn (de)	mandarinë (f)	[mandarínə]
ananas (de)	ananas (m)	[ananás]
banaan (de)	banane (f)	[banánɛ]
dadel (de)	hurmë (f)	[húrmə]

citroen (de)	limon (m)	[limón]
abrikoos (de)	kajsi (f)	[kajsí]
perzik (de)	pjeshkë (f)	[pjéʃkə]
kiwi (de)	kivi (m)	[kívi]
grapefruit (de)	grejpfrut (m)	[grɛjpfrút]

bes (de)	manë (f)	[mánə]
bessen (mv.)	mana (f)	[mána]
vossenbes (de)	boronicë mirtile (f)	[boronítsə mirtílɛ]
bosaardbei (de)	luleshtrydhe e egër (f)	[lulɛʃtrýðɛ ɛ égər]
blauwe bosbes (de)	boronicë (f)	[boronítsə]

190. Bloemen. Planten

| bloem (de) | lule (f) | [lúlɛ] |
| boeket (het) | buqetë (f) | [bucétə] |

roos (de)	trëndafil (m)	[trəndafíl]
tulp (de)	tulipan (m)	[tulipán]
anjer (de)	karafil (m)	[karafíl]
gladiool (de)	gladiolë (f)	[gladiólə]

korenbloem (de)	lule misri (f)	[lúlɛ mísri]
klokje (het)	lule këmborë (f)	[lúlɛ kəmbórə]
paardenbloem (de)	luleradhiqe (f)	[lulɛraðícɛ]
kamille (de)	kamomil (m)	[kamomíl]

aloë (de)	aloe (f)	[alóɛ]
cactus (de)	kaktus (m)	[kaktús]
ficus (de)	fikus (m)	[fíkus]

lelie (de)	zambak (m)	[zambák]
geranium (de)	barbarozë (f)	[barbarózə]
hyacint (de)	zymbyl (m)	[zymbýl]

mimosa (de)	mimoza (f)	[mimóza]
narcis (de)	narcis (m)	[nartsís]
Oost-Indische kers (de)	lule këmbore (f)	[lúlɛ kəmbórɛ]

orchidee (de)	orkide (f)	[orkidé]
pioenroos (de)	bozhure (f)	[boʒúrɛ]
viooltje (het)	vjollcë (f)	[vjóɬtsə]

driekleurig viooltje (het)	lule vjollca (f)	[lúlɛ vjóɬtsa]
vergeet-mij-nietje (het)	mosmëharro (f)	[mosməharó]
madeliefje (het)	margaritë (f)	[margarítə]
papaver (de)	lulëkuqe (f)	[luləkúcɛ]

hennep (de)	kërp (m)	[kə́rp]
munt (de)	mendër (f)	[méndər]

lelietje-van-dalen (het)	zambak i fushës (m)	[zambák i fúʃəs]
sneeuwklokje (het)	luleborë (f)	[lulɛbórə]

brandnetel (de)	hithra (f)	[híθra]
veldzuring (de)	lëpjeta (f)	[ləpjéta]
waterlelie (de)	zambak uji (m)	[zambák új i]
varen (de)	fier (m)	[fíɛr]
korstmos (het)	likene (f)	[likénɛ]

oranjerie (de)	serrë (f)	[sérə]
gazon (het)	lëndinë (f)	[ləndínə]
bloemperk (het)	kënd lulishteje (m)	[kənd lulíʃtɛjɛ]

plant (de)	bimë (f)	[bímə]
gras (het)	bar (m)	[bar]
grasspriet (de)	fije bari (f)	[fíjɛ bári]

blad (het)	gjeth (m)	[ɟɛθ]
bloemblad (het)	petale (f)	[pɛtálɛ]
stengel (de)	bisht (m)	[biʃt]
knol (de)	zhardhok (m)	[ʒarðók]

scheut (de)	filiz (m)	[filíz]
doorn (de)	gjemb (m)	[ɟémb]

bloeien (ww)	lulëzoj	[luləzój]
verwelken (ww)	vyshket	[výʃkɛt]
geur (de)	aromë (f)	[arómə]
snijden (bijv. bloemen ~)	pres lulet	[prɛs lúlɛt]
plukken (bloemen ~)	mbledh lule	[mbléð lúlɛ]

191. Granen, graankorrels

graan (het)	drithë (m)	[dríθə]
graangewassen (mv.)	drithëra (pl)	[dríθəra]
aar (de)	kaush (m)	[kaúʃ]

tarwe (de)	grurë (f)	[grúrə]
rogge (de)	thekër (f)	[θékər]
haver (de)	tërshërë (f)	[tərʃérə]
gierst (de)	mel (m)	[mɛl]
gerst (de)	elb (m)	[ɛlb]
maïs (de)	misër (m)	[mísər]
rijst (de)	oriz (m)	[oríz]
boekweit (de)	hikërr (m)	[híkər]

erwt (de)	bizele (f)	[bizélɛ]
nierboon (de)	groshë (f)	[gróʃə]
soja (de)	sojë (f)	[sójə]
linze (de)	thjerrëz (f)	[θjérəz]
bonen (mv.)	fasule (f)	[fasúlɛ]

REGIONALE AARDRIJKSKUNDE

Landen. Nationaliteiten

192. Politiek. Overheid. Deel 1

politiek (de)	**politikë** (f)	[politíkə]
politiek (bn)	**politike**	[politíkɛ]
politicus (de)	**politikan** (m)	[politikán]
staat (land)	**shtet** (m)	[ʃtɛt]
burger (de)	**nënshtetas** (m)	[nənʃtétas]
staatsburgerschap (het)	**nënshtetësi** (f)	[nənʃtɛtəsí]
nationaal wapen (het)	**simbol kombëtar** (m)	[simból kombətár]
volkslied (het)	**himni kombëtar** (m)	[hímni kombətár]
regering (de)	**qeveri** (f)	[cɛvɛrí]
staatshoofd (het)	**kreu i shtetit** (m)	[kréu i ʃtétit]
parlement (het)	**parlament** (m)	[parlamént]
partij (de)	**parti** (f)	[partí]
kapitalisme (het)	**kapitalizëm** (m)	[kapitalízəm]
kapitalistisch (bn)	**kapitalist**	[kapitalíst]
socialisme (het)	**socializëm** (m)	[sotsialízəm]
socialistisch (bn)	**socialist**	[sotsialíst]
communisme (het)	**komunizëm** (m)	[komunízəm]
communistisch (bn)	**komunist**	[komuníst]
communist (de)	**komunist** (m)	[komuníst]
democratie (de)	**demokraci** (f)	[dɛmokratsí]
democraat (de)	**demokrat** (m)	[dɛmokrát]
democratisch (bn)	**demokratik**	[dɛmokratík]
democratische partij (de)	**parti demokratike** (f)	[partí dɛmokratíkɛ]
liberaal (de)	**liberal** (m)	[libɛrál]
liberaal (bn)	**liberal**	[libɛrál]
conservator (de)	**konservativ** (m)	[konsɛrvatív]
conservatief (bn)	**konservativ**	[konsɛrvatív]
republiek (de)	**republikë** (f)	[rɛpublíkə]
republikein (de)	**republikan** (m)	[rɛpublikán]
Republikeinse Partij (de)	**parti republikane** (f)	[partí rɛpublikánɛ]
verkiezing (de)	**zgjedhje** (f)	[zɟéðjɛ]
kiezen (ww)	**zgjedh**	[zɟɛð]

| kiezer (de) | zgjedhës (m) | [zɟéðəs] |
| verkiezingscampagne (de) | fushatë zgjedhore (f) | [fuʃátə zɟeðóɾɛ] |

stemming (de)	votim (m)	[votím]
stemmen (ww)	votoj	[votój]
stemrecht (het)	e drejta e votës (f)	[ɛ dréjta ɛ vótəs]

kandidaat (de)	kandidat (m)	[kandidát]
zich kandideren	jam kandidat	[jam kandidát]
campagne (de)	fushatë (f)	[fuʃátə]

| oppositie- (abn) | opozitar | [opozitár] |
| oppositie (de) | opozitë (f) | [opozítə] |

bezoek (het)	vizitë (f)	[vizítə]
officieel bezoek (het)	vizitë zyrtare (f)	[vizíta zyrtáɾɛ]
internationaal (bn)	ndërkombëtar	[ndərkombətár]

| onderhandelingen (mv.) | negociata (f) | [nɛgotsiáta] |
| onderhandelen (ww) | negocioj | [nɛgotsiój] |

193. Politiek. Overheid. Deel 2

maatschappij (de)	shoqëri (f)	[ʃocərí]
grondwet (de)	kushtetutë (f)	[kuʃtetútə]
macht (politieke ~)	pushtet (m)	[puʃtét]
corruptie (de)	korrupsion (m)	[korupsión]

| wet (de) | ligj (m) | [liɟ] |
| wettelijk (bn) | ligjor | [liɟór] |

| rechtvaardigheid (de) | drejtësi (f) | [drɛjtəsí] |
| rechtvaardig (bn) | e drejtë | [ɛ dréjtə] |

comité (het)	komitet (m)	[komitét]
wetsvoorstel (het)	projektligj (m)	[projɛktlíɟ]
begroting (de)	buxhet (m)	[budʒét]
beleid (het)	politikë (f)	[politíkə]
hervorming (de)	reformë (f)	[rɛfórmə]
radicaal (bn)	radikal	[radikál]

macht (vermogen)	fuqi (f)	[fucí]
machtig (bn)	i fuqishëm	[i fucíʃəm]
aanhanger (de)	mbështetës (m)	[mbəʃtétəs]
invloed (de)	ndikim (m)	[ndikím]

regime (het)	regjim (m)	[rɛɟím]
conflict (het)	konflikt (m)	[konflíkt]
samenzwering (de)	komplot (m)	[komplót]
provocatie (de)	provokim (m)	[provokím]

omverwerpen (ww)	rrëzoj	[rəzój]
omverwerping (de)	rrëzim (m)	[rəzím]
revolutie (de)	revolucion (m)	[rɛvolutsión]

| staatsgreep (de) | grusht shteti (m) | [grúʃt ʃtéti] |
| militaire coup (de) | puç ushtarak (m) | [putʃ uʃtarák] |

crisis (de)	krizë (f)	[krízə]
economische recessie (de)	recesion ekonomik (m)	[rɛtsɛsión ɛkonomík]
betoger (de)	protestues (m)	[protɛstúɛs]
betoging (de)	protestë (f)	[protéstə]
krijgswet (de)	ligj ushtarak (m)	[liɉ uʃtarák]
militaire basis (de)	bazë ushtarake (f)	[bázə uʃtarákɛ]

| stabiliteit (de) | stabilitet (m) | [stabilitét] |
| stabiel (bn) | stabil | [stabíl] |

| uitbuiting (de) | shfrytëzim (m) | [ʃfrytəzím] |
| uitbuiten (ww) | shfrytëzoj | [ʃfrytəzój] |

racisme (het)	racizëm (m)	[ratsízəm]
racist (de)	racist (m)	[ratsíst]
fascisme (het)	fashizëm (m)	[faʃízəm]
fascist (de)	fashist (m)	[faʃíst]

194. Landen. Diversen

vreemdeling (de)	i huaj (m)	[i húaj]
buitenlands (bn)	huaj	[húaj]
in het buitenland (bw)	jashtë shteti	[jáʃtə ʃtéti]

emigrant (de)	emigrant (m)	[ɛmigránt]
emigratie (de)	emigracion (m)	[ɛmigratsión]
emigreren (ww)	emigroj	[ɛmigrój]

Westen (het)	Perëndimi (m)	[pɛrəndími]
Oosten (het)	Lindja (f)	[líndja]
Verre Oosten (het)	Lindja e Largët (f)	[líndja ɛ lárgət]

beschaving (de)	civilizim (m)	[tsivilizím]
mensheid (de)	njerëzia (f)	[ɲɛrəzía]
wereld (de)	bota (f)	[bóta]
vrede (de)	paqe (f)	[pácɛ]
wereld- (abn)	botëror	[botərór]

vaderland (het)	atdhe (f)	[atðé]
volk (het)	njerëz (m)	[ɲérəz]
bevolking (de)	popullsi (f)	[popuɫsí]
mensen (mv.)	njerëz (m)	[ɲérəz]
natie (de)	komb (m)	[komb]
generatie (de)	brez (m)	[brɛz]

gebied (bijv. bezette ~en)	zonë (f)	[zónə]
regio, streek (de)	rajon (m)	[rajón]
deelstaat (de)	shtet (m)	[ʃtɛt]

| traditie (de) | traditë (f) | [tradítə] |
| gewoonte (de) | zakon (m) | [zakón] |

ecologie (de)	ekologjia (f)	[ɛkoloɟía]
Indiaan (de)	Indian të Amerikës (m)	[indián tə amɛríkəs]
zigeuner (de)	jevg (m)	[jɛvg]
zigeunerin (de)	jevge (f)	[jévgɛ]
zigeuner- (abn)	jevg	[jɛvg]
rijk (het)	perandori (f)	[pɛrandorí]
kolonie (de)	koloni (f)	[koloní]
slavernij (de)	skllevëri (m)	[skłɛvərí]
invasie (de)	pushtim (m)	[puʃtím]
hongersnood (de)	uria (f)	[uría]

195. Grote religieuze groepen. Bekentenissen

religie (de)	religjion (m)	[rɛliɟión]
religieus (bn)	religjioz	[rɛliɟióz]
geloof (het)	fe, besim (m)	[fé], [bɛsím]
geloven (ww)	besoj	[bɛsój]
gelovige (de)	besimtar (m)	[bɛsimtár]
atheïsme (het)	ateizëm (m)	[atɛízəm]
atheïst (de)	ateist (m)	[atɛíst]
christendom (het)	Krishterimi (m)	[kriʃtɛrími]
christen (de)	i krishterë (m)	[i kriʃtérə]
christelijk (bn)	krishterë	[kriʃtérə]
katholicisme (het)	Katolicizëm (m)	[katolitsízəm]
katholiek (de)	Katolik (m)	[katolík]
katholiek (bn)	katolik	[katolík]
protestantisme (het)	Protestantizëm (m)	[protɛstantízəm]
Protestante Kerk (de)	Kishë Protestante (f)	[kíʃə protɛstántɛ]
protestant (de)	Protestant (m)	[protɛstánt]
orthodoxie (de)	Ortodoksia (f)	[ortodoksía]
Orthodoxe Kerk (de)	Kishë Ortodokse (f)	[kíʃə ortodóksɛ]
orthodox	Ortodoks (m)	[ortodóks]
presbyterianisme (het)	Presbiterian (m)	[prɛsbitɛrián]
Presbyteriaanse Kerk (de)	Kishë Presbiteriane (f)	[kíʃə prɛsbitɛriánɛ]
presbyteriaan (de)	Presbiterian (m)	[prɛsbitɛrián]
lutheranisme (het)	Luterianizëm (m)	[lutɛrianízəm]
lutheraan (de)	Luterian (m)	[lutɛrián]
baptisme (het)	Kishë Baptiste (f)	[kíʃə baptístɛ]
baptist (de)	Baptist (m)	[baptíst]
Anglicaanse Kerk (de)	Kishë Anglikane (f)	[kíʃə aŋlikánɛ]
anglicaan (de)	Anglikan (m)	[aŋlikán]
mormonisme (het)	Mormonizëm (m)	[mormonízəm]
mormoon (de)	Mormon (m)	[mormón]

| Jodendom (het) | Judaizëm (m) | [judaízəm] |
| jood (aanhanger van het Jodendom) | çifut (m) | [tʃifút] |

| boeddhisme (het) | Budizëm (m) | [budízəm] |
| boeddhist (de) | Budist (m) | [budíst] |

| hindoeïsme (het) | Hinduizëm (m) | [hinduízəm] |
| hindoe (de) | Hindu (m) | [híndu] |

islam (de)	Islam (m)	[islám]
islamiet (de)	Mysliman (m)	[myslimán]
islamitisch (bn)	Mysliman	[myslimán]

| sjiisme (het) | Islami Shia (m) | [islámi ʃía] |
| sjiiet (de) | Shiitë (f) | [ʃíítə] |

| soennisme (het) | Islami Suni (m) | [islámi súni] |
| soenniet (de) | Sunit (m) | [sunít] |

196. Religies. Priesters

| priester (de) | prift (m) | [prift] |
| paus (de) | Papa (f) | [pápa] |

monnik (de)	murg, frat (m)	[murg], [frat]
non (de)	murgeshë (f)	[murgéʃə]
pastoor (de)	pastor (m)	[pastór]

abt (de)	abat (m)	[abát]
vicaris (de)	famullitar (m)	[famuɫitár]
bisschop (de)	peshkop (m)	[pɛʃkóp]
kardinaal (de)	kardinal (m)	[kardinál]

predikant (de)	predikues (m)	[prɛdikúɛs]
preek (de)	predikim (m)	[prɛdikím]
kerkgangers (mv.)	faullistë (f)	[fauɫístə]

| gelovige (de) | besimtar (m) | [bɛsimtár] |
| atheïst (de) | ateist (m) | [atɛíst] |

197. Geloof. Christendom. Islam

| Adam | Adam (m) | [adám] |
| Eva | eva (f) | [éva] |

God (de)	Zot (m)	[zot]
Heer (de)	Zoti (m)	[zóti]
Almachtige (de)	i Plotfuqishmi (m)	[i plotfucíʃmi]

| zonde (de) | mëkat (m) | [məkát] |
| zondigen (ww) | mëkatoj | [məkatój] |

zondaar (de)	mëkatar (m)	[məkatár]
zondares (de)	mëkatare (f)	[məkatárɛ]
hel (de)	ferr (m)	[fɛr]
paradijs (het)	parajsë (f)	[parájsə]
Jezus	Jezus (m)	[jézus]
Jezus Christus	Jezu Krishti (m)	[jézu kríʃti]
Heilige Geest (de)	Shpirti i Shenjtë (m)	[ʃpírti i ʃéɲtə]
Verlosser (de)	Shpëtimtar (m)	[ʃpətimtár]
Maagd Maria (de)	e Virgjëra Meri (f)	[ɛ vírɟəra méri]
duivel (de)	Djalli (m)	[djáłi]
duivels (bn)	i djallit	[i djáłit]
Satan	Satani (m)	[satáni]
satanisch (bn)	satanik	[sataník]
engel (de)	engjëll (m)	[éɲɟəł]
beschermengel (de)	engjëlli mbrojtës (m)	[éɲɟəłi mbrójtəs]
engelachtig (bn)	engjëllor	[ɛɲɟəłór]
apostel (de)	apostull (m)	[apóstuł]
aartsengel (de)	kryeengjëll (m)	[kryɛéɲɟəł]
antichrist (de)	Antikrishti (m)	[antikríʃti]
Kerk (de)	Kishë (f)	[kíʃə]
bijbel (de)	Bibla (f)	[bíbla]
bijbels (bn)	biblik	[biblík]
Oude Testament (het)	Dhiata e Vjetër (f)	[ðiáta ɛ vjétər]
Nieuwe Testament (het)	Dhiata e Re (f)	[ðiáta ɛ ré]
evangelie (het)	ungjill (m)	[uɲíł]
Heilige Schrift (de)	Libri i Shenjtë (m)	[líbri i ʃéɲtə]
Hemel, Hemelrijk (de)	parajsa (f)	[parájsa]
gebod (het)	urdhëresë (f)	[urðərésə]
profeet (de)	profet (m)	[profét]
profetie (de)	profeci (f)	[profɛtsí]
Allah	Allah (m)	[ałáh]
Mohammed	Muhamed (m)	[muhaméd]
Koran (de)	Kurani (m)	[kuráni]
moskee (de)	xhami (f)	[dʒamí]
moellah (de)	hoxhë (m)	[hódʒə]
gebed (het)	lutje (f)	[lútjɛ]
bidden (ww)	lutem	[lútɛm]
pelgrimstocht (de)	pelegrinazh (m)	[pɛlɛɡrináʒ]
pelgrim (de)	pelegrin (m)	[pɛlɛɡrín]
Mekka	Mekë (f)	[mékə]
kerk (de)	kishë (f)	[kíʃə]
tempel (de)	tempull (m)	[témpuł]
kathedraal (de)	katedrale (f)	[katɛdrálɛ]

gotisch (bn)	**Gotik**	[gotík]
synagoge (de)	**sinagogë** (f)	[sinagógə]
moskee (de)	**xhami** (f)	[dʒamí]
kapel (de)	**kishëz** (m)	[kíʃəz]
abdij (de)	**abaci** (f)	[ábatsi]
klooster (het)	**manastir** (m)	[manastír]
klok (de)	**kambanë** (f)	[kambánə]
klokkentoren (de)	**kulla e kambanës** (f)	[kúła ε kambánəs]
luiden (klokken)	**bien**	[bíɛn]
kruis (het)	**kryq** (m)	[kryc]
koepel (de)	**kupola** (f)	[kupóla]
icoon (de)	**ikona** (f)	[ikóna]
ziel (de)	**shpirt** (m)	[ʃpirt]
lot, noodlot (het)	**fat** (m)	[fat]
kwaad (het)	**e keqe** (f)	[ε kécɛ]
goed (het)	**e mirë** (f)	[ε mírə]
vampier (de)	**vampir** (m)	[vampír]
heks (de)	**shtrigë** (f)	[ʃtrígə]
demoon (de)	**djall** (m)	[djáł]
geest (de)	**shpirt** (m)	[ʃpirt]
verzoeningsleer (de)	**shëlbim** (m)	[ʃəlbím]
vrijkopen (ww)	**shëlbej**	[ʃəlbéj]
mis (de)	**meshë** (f)	[méʃə]
de mis opdragen	**lus meshë**	[lús méʃə]
biecht (de)	**rrëfim** (m)	[rəfím]
biechten (ww)	**rrëfej**	[rəféj]
heilige (de)	**shenjt** (m)	[ʃɛɲt]
heilig (bn)	**i shenjtë**	[i ʃéɲtə]
wijwater (het)	**ujë i bekuar** (m)	[újə i bɛkúar]
ritueel (het)	**ritual** (m)	[rituál]
ritueel (bn)	**ritual**	[rituál]
offerande (de)	**sakrificë** (f)	[sakrifítsə]
bijgeloof (het)	**besëtytni** (f)	[bɛsətytní]
bijgelovig (bn)	**supersticioz**	[supɛrstitsióz]
hiernamaals (het)	**jeta e përtejme** (f)	[jéta ɛ pərtéjmɛ]
eeuwige leven (het)	**përjetësia** (f)	[pərjɛtəsía]

DIVERSEN

198. Diverse nuttige woorden

achtergrond (de)	sfond (m)	[sfónd]
balans (de)	ekuilibër (m)	[ɛkuilíbər]
basis (de)	bazë (f)	[bázə]
begin (het)	fillim (m)	[fiɬím]
beurt (wie is aan de ~?)	kthesë (f)	[kθésə]
categorie (de)	kategori (f)	[katɛgorí]
comfortabel (~ bed, enz.)	i rehatshëm	[i rɛhátʃəm]
compensatie (de)	shpërblim (m)	[ʃpərblím]
deel (gedeelte)	pjesë (f)	[pjésə]
deeltje (het)	grimcë (f)	[grímtsə]
ding (object, voorwerp)	gjë (f)	[ɟə]
dringend (bn, urgent)	urgjent	[urɟént]
dringend (bw, met spoed)	urgjentisht	[urɟɛntíʃt]
effect (het)	efekt (m)	[ɛfékt]
eigenschap (kwaliteit)	cilësi (f)	[tsiləsí]
einde (het)	fund (m)	[fund]
element (het)	element (m)	[ɛlɛmént]
feit (het)	fakt (m)	[fakt]
fout (de)	gabim (m)	[gabím]
geheim (het)	sekret (m)	[sɛkrét]
graad (mate)	nivel (m)	[nivél]
groei (ontwikkeling)	rritje (f)	[rítjɛ]
hindernis (de)	pengesë (f)	[pɛŋésə]
hinderpaal (de)	pengesë (f)	[pɛŋésə]
hulp (de)	ndihmë (f)	[ndíhmə]
ideaal (het)	ideal (m)	[idɛál]
inspanning (de)	përpjekje (f)	[pərpjékjɛ]
keuze (een grote ~)	zgjedhje (f)	[zɟéðjɛ]
labyrint (het)	labirint (m)	[labirínt]
manier (de)	rrugëzgjidhje (f)	[rugəzɟíðjɛ]
moment (het)	moment (m)	[momént]
nut (bruikbaarheid)	vegël (f)	[végəl]
onderscheid (het)	ndryshim (m)	[ndryʃím]
ontwikkeling (de)	zhvillim (m)	[ʒviɬím]
oplossing (de)	zgjidhje (f)	[zɟíðjɛ]
origineel (het)	origjinal (m)	[oriɟinál]
pauze (de)	pushim (m)	[puʃím]
positie (de)	pozicion (m)	[pozitsión]
principe (het)	parim (m)	[parím]

probleem (het)	**problem** (m)	[problém]
proces (het)	**proces** (m)	[protsés]
reactie (de)	**reagim** (m)	[rɛagím]

reden (om ~ van)	**shkak** (m)	[ʃkak]
risico (het)	**rrezik** (m)	[rɛzík]
samenvallen (het)	**rastësi** (f)	[rastəsí]
serie (de)	**seri** (f)	[sɛrí]

situatie (de)	**situatë** (f)	[situátə]
soort (bijv. ~ sport)	**lloj** (m)	[ɬoj]
standaard (bn)	**standard**	[standárd]
standaard (de)	**standard** (m)	[standárd]
stijl (de)	**stil** (m)	[stil]

stop (korte onderbreking)	**pauzë** (f)	[paúzə]
systeem (het)	**sistem** (m)	[sistém]
tabel (bijv. ~ van Mendelejev)	**tabelë** (f)	[tabélə]
tempo (langzaam ~)	**ritëm** (m)	[rítəm]
term (medische ~en)	**term** (m)	[tɛrm]

type (soort)	**tip** (m)	[tip]
variant (de)	**variant** (m)	[variánt]
veelvuldig (bn)	**i shpeshtë**	[i ʃpéʃtə]
vergelijking (de)	**krahasim** (m)	[krahasím]
voorbeeld (het goede ~)	**shembull** (m)	[ʃémbuɬ]

voortgang (de)	**ecje përpara** (f)	[étsjɛ pərpára]
voorwerp (ding)	**objekt** (m)	[objékt]
vorm (uiterlijke ~)	**formë** (f)	[fórmə]
waarheid (de)	**e vërtetë** (f)	[ɛ vərtétə]
zone (de)	**zonë** (f)	[zónə]